POPETH
PWS

DEWI PWS

y Lolfa

Argraffiad cyntaf: 2015

Dymuna'r cyhoeddwyr gydnabod cymorth ariannol Cyngor Llyfrau Cymru.

Rhif llyfr rhyngwladol: 978 1 78461 168 2

Cyhoeddwyd ac argraffwyd yng Nghymru
gan Y Lolfa Cyf., Talybont, Ceredigion, SY24 5HE
e-bost: ylolfa@ylolfa.com
y we: www.ylolfa.com
ffôn: 01970 832304
ffacs: 01970 832782

MAM A DAD A FI

Fe ddes i i'r byd ar Ebrill 21, 1948, diwrnod pen-blwydd y Cwîn. Wi ddim yn Cwîn fy hunan er bo fi'n helpu mas pan ma nhw'n fishi. Yn rhif 4 New Quarr Road, Trebo'th ges i fy ngeni, er mwyn bod yn agos at Mam. Fe'm ganwyd yn fab i Glan Morris, a oedd yn beiriannydd yng ngwaith Trostre, a'i wraig Ray Morris, a oedd yn gwneud dim byd.

Fuodd Mam mas yn gweithio unwaith, yr unig ddiwrnod o waith gafodd hi erioed. Do, fe acth hi mas i weithio mewn siop a fe ddaeth hi adre'n llefen. Aeth hi byth mas i weithio wedyn. Ond roedd hi'n fedrus iawn gyda'i dwylo – weithiau fe fydde hi'n eu gwasgu nhw rownd fy ngwddw i. Ond na, roedd hi'n fedrus iawn, yn gwnïo, gwneud brodwaith a gwneud hetiau.

Un peth wi'n gofio'n dda am Mam a Dad pan o'n i'n fach oedd y bydden nhw'n siarad Saesneg â'i gilydd ond yn siarad Cymraeg â fi. O'n nhw'n benderfynol o 'nghodi i'n ddwyieithog.

Pan fydde Dad yn dod adre o'r gwaith, a Mam wedi bod yn y tŷ drwy'r dydd heb neb i siarad â hi, fe fydde fe'n mynd yn syth i ymolch uwch y bosh – y basin ymolchi – ac yn ymolch yn lân, yn cynnwys dan ei geseiliau. Wedyn fe fydde fe'n eistedd i lawr ac yn mynd ati i ddarllen yr *Evening Post*. Tra bydde fe'n darllen fe fydde Mam yn dechre siarad:

"Glywest ti am Mrs Jones lan yr hewl? Mae hi wedi ca'l pwl bach arall o'r gowt ... a ma Mr Davies y gweinidog wedi colli'i gath..."

A dyna ble bydde Dad yn eistedd am tua chwarter awr gyda'r llifeiriant geiriau yma'n arllwys drosto fe, yn mynd mewn drwy un glust a mas drwy'r llall. Wedyn fe fydde fe'n plygu'r papur yn deidi ac yn eistedd arno cyn troi at Mam a dweud,

"For God's sake, Ray, give your arse a chance."

Fe fydde hyn yn digwydd bob nos yn ddieithriad.

Wi'n cofio Mam yn fy nhwyllo i unwaith. Fe wnaeth hi fy mherswadio i fod ffair Trebo'th yn cael ei chynnal ar un adeg ar safle ein gardd ni, a bod darnau arian ac aur yn dal yn y ddaear. Fe gloddiais i'r ardd i gyd heb ffeindio'r un geiniog cyn sylweddoli mai tric gan Mam oedd y cyfan er mwyn cael yr ardd wedi'i phalu.

Mae Mam yn dueddol o gymysgu pethe. Dyna pam wi'n ei galw hi yn Kenwood. Ar un adeg fe ddechreuodd y cymdogion gyferbyn â ni dderbyn galwadau cas ar y ffôn, a dyma Mam yn dechre gofidio.

"Watsha di beth wi'n ddweud, Dewi," medde hi, "y ni fydd nesa. Wyt ti'n meddwl y dylen ni fynd yn *hysterectomy*?"

Bryd arall dyma hi'n dweud wrtha i (fel o'n i'n cyrraedd adre o rywle neu'i gilydd) fod deinosor wedi bod yn yr ardd.

"Deinosor!" medde fi. "Be gythrel o'dd deinosor yn ei wneud yn yr ardd?"

"Clirio'r cwteri," medde Mam.

Wnes i byth edrych ar gwmni Dyno-rod yr un fath wedyn.

Dro arall roedd hi'n awyddus i ni gael larwm atal lladron ar dalcen y tŷ. Fe fydde gweld y larwm yn ddigon i gadw darpar-ladron draw, yn ôl Mam.

"Ti'n gweld Dewi, fe fydde fe'n gweithio'n dda fel *detergent*."

Bryd arall fe ddwedodd ei bod hi wedi prynu Fly-over i dorri'r lawnt. Yr hyn oedd hi'n feddwl oedd Flymo!

Dewi Pws
Tachwedd 2015

CANEUON

BLAENAU FFESTINIOG

Cytgan
O, rwy'n mynd 'nôl i Flaenau Ffestiniog.
Rwy'n dala'r trên cynta mas o'r dre.
O, rwy'n mynd 'nôl i Flaenau Ffestiniog,
Canys yno mae fy seithfed ne'.

Nawr Gymry dewch yn llu
I wrando ar fy nghân.
Mae rhywbeth bach yn poeni fi yn fawr.
Ie mae byw yn Abertawe
Yn chwarae ar fy nerfe
Ac rwy'n gadael am y brynie gyda'r wawr.

Cytgan

Mrs Jones, cymerwch lythyr,
Sgrifennwch hwn ar frys:
Diar Mam, rwy wedi drysu yn y dre;
O, rwyf wedi cau'r ffenestri,
Mae dŵr uwchben y llestri
Ac mae'r celfi gyd yn daclus yn eu lle.

Cytgan

Mi es i Iwgoslafia
Ar fy ngwyliau yn yr haf,
Mi basiais drwy y Swistir ar fy nhaith.
Medde dyn bach yn yr Almaen,
"Ble r'ych chi'n mynd, Mein Fraulein?"
Fe drois yn ôl i ateb ar un waith...

Cytgan

Bu'r Steddfod yn y gogledd
Ac yna lawr i'r de,
A'r Llys yn penderfynu ble i fynd.
Gwaeddodd Gwyndaf lawr i'r dyrfa,
"Ble fydd y Steddfod nesa?"
Clywyd dyner lais o'r cefn yn gweiddi hyn...

Cytgan

Mae'r dyn sy'n talu'r delyn
Yn galw am y gân,
Mae'r dyn sy'n canu'r gân yn cael ei sbri.
Gan mai fi sy'n canu'r delyn
Y chi sy'n gorfod dilyn
Felly 'munwch, foneddigion, gyda mi...

Cytgan

© Cyhoeddiadau Sain

BYRMINGHAM

BYRMINGHAM

Gorwedd yn fy ngwely'n fy mhyjamas bach coch,
Bron mynd 'nôl i gysgu pan ganodd y gloch.
Minnau'n edrych mlaen i gael llythyr gan Mam,
Ond beth oedd yn fy nisgwyl oedd postmarc Byrmingham.

Cytgan
Dy'n ni ddim yn mynd i Byrmingham.
Dy'n ni ddim yn mynd i Byrmingham.
Dy'n ni ddim yn mynd i Byrmingham.

Gorwedd yn fy ngwely'n fy mhyjamas bach piws,
Bron mynd 'nôl i gysgu pan gurodd y drws.
Minnau'n edrych mlaen i gael llythyr gan Nain,
Ond beth oedd yn fy nisgwyl oedd postmarc Byrmingham.

Cytgan

Gorwedd yn fy ngwely'n fy mhyjamas bach du,
Bron mynd 'nôl i gysgu pan siglodd y tŷ.
Minnau'n edrych mlaen i gael parsel gan Dan,
Ond beth oedd yn fy nisgwyl oedd postmarc Byrmingham.

Cytgan

Gorwedd yn fy ngwely'n fy mhyjamas bach glas,
Bron mynd 'nôl i gysgu pan ddaeth sŵn o'r tu fas.
Minnau'n edrych mlaen i gael arian gan Sain,
Ond beth oedd yn fy nisgwyl ond postmarc Byrmingham.

Cytgan

(Cyfansoddwyd gan Y Tebot Piws)
© Cyhoeddiadau Sain

CÂN MERÊD

CÂN MERÊD

Mae'th ganeuon yn dal ar yr awel,
Hen alawon o'r dyddie fu gynt,
Yn atseinio yn dawel rhwng fryniau dy Gwm
Fel sibrydion ar adain y gwynt.

Sŵn y tonnau yn mwytho y traethau,
Drwy niwloedd hen oesoedd a fu
Yn sibrwd ger hafan yr heli
Hwiangerdd dy huno i mi.

Cytgan
Nos da am nawr, ond yfory
A'r dagrau i gyd wedi ffoi
Cawn grwydro hen lwybrau'r dyfodol
Law yn llaw at lwybrau y ddoe.

Efallai cawn gwrdd yn Afallon,
Harmoneiddio ger fflamau y tân
A hiraethu am hen ffordd ddiniwed o fyw
A gwenu wrth gofio dy gân.

Cytgan

Nos da i'r llygaid mor ddisglair
A'r llais mor eglur a phêr,
Y wên fel cannwyll o arian...
Mor swynol â golau y sêr.

Cytgan

(Cerddoriaeth gan Hefin Elis)
© Cyhoeddiadau Sain

CASTELL ABERTEIFI

Cyn bod car, cyn bod i - Pod, Cyn bod Tom-mo na fi, Cyn bod cosb am dar - o

rhech, Dech - reu - odd y stedd-fod gyn - taf er - ioed Ym mil cant saith deg

chwech. Roedd 'na em - yn dros ffiff - ti, Dawns dis - go a rap, Gwin-io bot-wm a chan-u sol -

ffa. Bydd-wn i wed - i en - nill, sdim dowt 'da fi. Dim ond

Cytgan

un snag bach: do'n i ddim 'na! I'm an Eng-lish Her-i-tage Cas-tle, Not Cym-ru no more, Was a

home to the wer - in cult-ure When strang-ers closed the door. And down the years of ap-ath-y The

tears fell sad and hot For the dy-ing of a nat-ion And a iaith that time for-got.

CASTELL ABERTEIFI

Cyn bod car, cyn bod iPad,
Cyn bod Tommo na fi,
Cyn bod cosb am daro rhech,
Dechreuodd y steddfod gyntaf erioed
Ym mil cant saith deg chwech.
Roedd 'na emyn dros ffiffty,
Dawns disgo a rap,
Gwinio botwm a chanu sol-ffa.
Byddwn i wedi ennill, sdim dowt 'da fi,
Dim ond un snag bach: do'n i ddim 'na!

Cytgan
I'm an English Heritage Castle,
Not Cymru no more,
Was a home to the *werin* culture
When strangers closed the door.
And down the years of apathy
The tears fell sad and hot
For the dying of a nation
And a *iaith* that time forgot.

Roedd yr Arglwydd Rhys
Yn tipyn o foi,
Cynnal steddfod heb bwyllgor na grant,
Heb neb o'r Cynulliad yn dweud beth i'w wneud,
Heb gymorth cerddorion o bant.
A dyna chi steddfod,
Y gyntaf erioed,
On'd o'dd hi'n steddfod fach dda?
Dros wyth cant o flynydde, mae'n amser reit hir,
Ond jawl eriôd, ry'n ni'n dal 'ma!

(Geiriau ar y cyd â Tudur Dylan Jones)

DILYN COLOMEN

ar-ian gyd-a thi, gyd-a thi. Draw_ar frig yr aw-el_ daw sŵn y dre, sŵn y dre.___He-

lô,___ sut mae y teul - lu?__ Be 'di be? Be 'di be?_____ A

fi mewn breudd - wyd ar - ian gyd - a thi, gyd - a thi.

Dilyn colomen i wyneb yr haul.
Plethu cyfrinach o gwmpas y dail.
Yma mae'r heulwen a bywyd yn braf.
Cysgu mewn cwmwl ynghanol yr haf.
La la la la. La la la la.

Mynd i weld Meinir cyn toriad y wawr,
A'r eira yn sibrwd wrth ddisgyn i lawr.
Mae rhywun yn wylo ym mhen draw y byd,
Galw amdanat o hyd ac o hyd.

Rwy'n byw mewn breuddwyd o ddydd i ddydd,
Dail yn disgyn, hydref sydd,
A fi mewn breuddwyd arian
Yn meddwl amdanat ti.

Goleuni dros Eryri,
Gwrid y wawr, gwrid y wawr,
Tylluanod hwyr y bore
Yn dilyn i lawr, dilyn i lawr.
A fi mewn breuddwyd arian gyda thi, gyda thi.

Draw ar frig yr awel daw sŵn y dre, sŵn y dre.
Helô, sut mae y teulu?
Be 'di be? Be 'di be?
A fi mewn breuddwyd arian gyda thi, gyda thi.

DŴR, HALEN A THÂN

O mae 'na dris-twch mewn cyn - hae af____ Ac mae 'na ddag-rau wed-i'r gae af,____

Ond yn yr hyd-ref yng nghwm - pei-ni'r brain____ Mi gerdd-wn gyd a'n gil-ydd rhwng y drain.

— Ond pan ddaw'r haul yn ol i'r dyff - ryn, (la la la la la)____ Mi gawn weld y plant yn chwer-thin.

(la la la la la)____ Mi gawn red - eg rhwng y pin-wydd ys-gafn droed yn rhydd.____

Cym-er ddŵr, hal - en a thân,____ Dim ond rhain sy'n pur-o'n lân.

Cym-er ddŵr, hal - en a thân,____ Dim ond rhain sy'n pur-o'n lân.

DŴR, HALEN A THÂN

O, mae 'na dristwch mewn cynhaeaf
Ac mae 'na ddagrau wedi'r gaeaf,
Ond yn yr hydref yng nghwmpeini'r brain
Mi gerddwn gyda'n gilydd rhwng y drain.

Cytgan
Ond pan ddaw'r haul yn ôl i'r dyffryn,
(la la la la la).
Mi gawn weld y plant yn chwerthin,
(la la la la la).
Mi gawn redeg rhwng y pinwydd ysgafn droed yn rhydd.
Cymer ddŵr, halen a thân,
Dim ond rhain sy'n puro'n lân.
Cymer ddŵr, halen a thân,
Dim ond rhain sy'n puro'n lân.

Cawn weld y llwch yn disgyn dros y llaid,
A'r muriau llwyd yn disgyn dan ein traed.
Cawn deimlo oerni'r glaw yn rhewi'r gair,
A bysedd brau marwolaeth rhwng y gwair.

Cytgan

Rhwng gwawr a chyfnos mae 'na hanner gwên,
A'r mwg yn cuddio'r dail sy'n mynd yn hen.
Mae'r meysydd glas yn dianc dros y bryn,
A'r pysgod wedi marw yn y llyn.

Cytgan

Dan wres y lleuad mi gawn wrando
Ar sŵn y blaidd a'r cadno'n udo,
Ac yn nistawrwydd lleddf y bore bach
Cawn glywed angau'n byw yn sgrech y wrach.

Cytgan

© Cyhoeddiadau Sain

HEI, HEI! DING, DING!

Mae'n ddeg o'r gloch, mae'r lleis-iau'n groch A nin-ne'n chwar-e tu fas.

Neb ar y we, Miss yn cael te, Ac mae syr yn ed - rych yn gas. Mae

Dan - ny Pugh___ mewn crys Man U Yn ceis-io sgor - io gôl. Mae

rhai yn bat - io, er - aill yn cwat- o, A'r mer-ched yn sgip - o sha 'nôl.

Hei, hei! Ding, ding! Mae ys - gol fach___ y pen-tre'n dal___ yn

fyw. Hei, hei! Ding, ding! Ffrind yn cyf- arch___ ffrind. Tra bydd

cloch yr ys - gol___ fach ar dân Bydd y plant yn dal i fynd.

(Cerddoriaeth gan Dewi Pws a Richard Jones a geiriau gan Idris Reynolds.)
© Cyhoeddiadau Mwldan

HEI, HEI! DING, DING!

Mae'n ddeg o'r gloch, mae'r lleisiau'n groch
A ninne'n chware tu fas.
Neb ar y we, Miss yn cael te,
Ac ma syr yn edrych yn gas.
Mae Danny Pugh mewn crys Man U
Yn ceisio sgorio gôl.
Mae rhai yn bato, eraill yn cwato
A'r merched yn sgipo sha'n ôl.

Cytgan
Hei, hei! Ding, ding!
Mae ysgol fach y pentre'n dal yn fyw.
Hei, hei! Ding, ding!
Ianto ni wedi cwrdd â'i seren syw.
Hei, hei! Ding, ding!
Ffrind yn cyfarch ffrind,
Tra bydd cloch yr ysgol fach ar dân
Bydd y plant yn dal i fynd.

Mae'r plantos iau yn creu byd o glai
Trwy lygaid bach pedair oed.
Mae'r ysgol fawr yn setlo lawr
I'w gwersi fel eriôd.
Am hanner dydd mae'n amser rhydd
A ninnau'n y gegin bob un.
Mae'n hwyl i uno o gwmpas ford cinio
Yn deulu bach hapus, cytûn.

Cytgan

Mae desgiau llawn yn haul prynhawn
Yn chwa o awyr iach.
Pob gwers o hyd yn agor byd,
Mae'n braf mewn ysgol fach.
A phan ddaw'n dri fe gasglwn ni
Ein cotiau mawr a mân,
Ac wrth fynd adre i'r Hafod a'r Hendre
Awn 'nôl drwy gaeau o gân.

Cytgan

LLEUCU LLWYD

LLEUCU LLWYD

Cytgan
Lleucu Llwyd, rwyt ti'n hardd,
Lleucu Llwyd, rwyt ti'n werth y byd i mi.
Lleucu Llwyd, rwyt ti'n angel,
Lleucu Llwyd, rwy'n dy garu di, di, di.

O, rwy'n cofio cwrdd â thi
Ac rwy'n cofio'r glaw.
Ydy'r eos yn y goedwig?
Ydy'r blodau yn y maes gerllaw?
Yn yr afon mae cyfrinach
Dy gusan gyntaf di.
Yn y goedwig mae y blodau
Yn sibrwd dy enw di.

Cytgan

O, mae'r oriau mân yn pasio
Fel eiliad ar adain y gwynt.
O, gorweddaf ar fy ngwely,
Efallai daw'r freuddwyd yn gynt.
Ond mae rhywun yn agosáu,
Mi glywaf wichian y glwyd.
Ac rwy'n nabod sŵn yr esgid,
Mae'n perthyn i Lleucu Llwyd.

Cytgan

LLEUCU WEDI MARW

LLEUCU WEDI MARW

Hon oedd hafod fy ngaeaf,
Yn newid tymor fel llanw yn troi,
Yr unig gysur oedd gen i,
Ond mae fory'n troi'n heddi
A heddi'n troi'n ddoe.

Cariad cyntaf fy nghalon,
A chariad ola fy mywyd i.
Roedd hon yn ffrind ac yn gariad,
Ond aeth dyddie'n flynydde'n
Dod rhyngom ni.

Cytgan
Ma Lleucu wedi marw
Ond mae'r blode'n dal yn fyw.
Ni chlywir cri yr wylan,
Ni chlywir cân y dryw.
Mae cariad wedi cilio,
Mae'r dail yn newid lliw.
Ma Lleucu wedi marw,
Ond mae'r blode'n dal yn fyw.

Dim ond einioes oedd yno.
Dim ond eiliad oedd ganddi hi.
Daeth yr hydref i'w galw
Ac fe drodd hi i'r gaeaf
A'm gadael i.

Cytgan

(Ar y cyd â Huw Chiswell)
© Cyhoeddiadau Sain

MAE RHYWUN WEDI DWYN FY NHRWYN

Mawr - edd mawr, stedd-wch i lawr, mae rhyw-un wed - i dwyn fy nhrwyn.

Mawr - edd mawr, stedd-wch i lawr, mae rhyw-un wed - i dwyn fy nhrwyn._____ 1.Mae

Jon - i yn y car-char mawr yn wyl - o am ei dad ac mae ei dad e yn y car-char lan y

llofft._____ Mae Siws - i yn y bath-rwm, mae hi'n gol - chi blaen ei throed, ac maen nhw'n

deul - u dig-on tac-lus, maen nhw'n sofft._____ Mae Ant - i Eth-el Ras-er sydd yn mynd ag Eb-en-es-er wed-i

gwer-thu ci a bodd - i croc-od - eil._____ Mae'n mynd i fyw yn Llun-dain gyd - a

dyn ag ar - ian mawr. Mae hi was - tad wed - i hoff - i byw mewn steil.

MAE RHYWUN WEDI DWYN FY NHRWYN

Cytgan
Mawredd mawr, steddwch i lawr,
Mae rhywun wedi dwyn fy nhrwyn.
Mawredd mawr, steddwch i lawr,
Mae rhywun wedi dwyn fy nhrwyn.

Mae Joni yn y carchar mawr yn wylo am ei dad
Ac mae'i dad e yn y carchar lan y llofft.
Mae Siwsi yn y bathrwm, mae hi'n golchi blaen ei throed
Ac maen nhw'n deulu digon taclus, maen nhw'n sofft.
Mae Anti Ethel Raser sydd yn mynd ag Ebeneser
Wedi gwerthu ci a phrynu crocodeil.
Mae'n mynd i fyw yn Llundain gyda dyn ag arian mawr.
Mae hi wastad wedi hoffi byw mewn steil.

Cytgan

Mae 'na ddynion o Dreorci, mae 'na ddynion mawr yn Sblot,
Mae 'na ddynion sydd yn byw yn Periw;
Mae 'na ddynion sydd yn hoffi byta caws ac yfed coffi,
Mae 'na rai sydd hyd yn oed yn dweud "Jiw, jiw"!
Mae 'na rai sy'n cynganeddu, mae 'na rai sy'n torri beddi,
Mae 'na rai sy'n plygu ciwcymbyrs yn Sbaen,
Ond y fi sy'n siafo gwsberis a'u gwerthu nhw fel grêps
Am fy mod i'n un sy'n gwrthwynebu chwain.

Cytgan

Mae Dadi yn y dafarn a Mami ar y dôl
Ac mae 'mrawd i'n rhedeg *brothel* yn Dwbái.
Mae'n chwaer i wedi rhedeg bant 'da dyn o Bacistan
Ac maen nhw'n mynd i fyw mewn siop yn Llandegái.
Rwyf innau yn y Lolfa, a Robat wrth y wasg
A'r heddlu cudd yn curo ar y drws.
R'yn ni'n siŵr o gael ein restio am gynllwynio i fod yn neis...
A wi'n dechre meddwl, yffach, beth yw'r iws?

Cytgan

SINGL TRAGWYDDOL

Eis-tedd yn y parc ben bor-e_____ Yn gwran-do ar yr ad-ar mân. Y Cre-

awd-wr wed-i tref-nu'r al-aw___ Ac wed-i troi yr heul-wen mlân. Roedd y

bob-ol i gyd yn hap-us,___ Roedd y gwynt o'r dwyr-ain, Dim nwy yn y nen, Roedd y

gwynt o'r dwyr-ain, Dim nwy yn y nen yn bod._____ Ma-har-ish-i 'yf i, Ma-ha-

rish-i 'yf i, Ac fe ddes i'r byd i ach-ub mer-ched ffein fel ti. Ma-har-

ish-i 'yf i, Ma-har-ish-i 'yf i, Tyn dy ar-ian di mas a rho fe gyd i mi.__

SINGL TRAGWYDDOL

Eistedd yn y parc ben bore
Yn gwrando ar yr adar mân.
Y Creawdwr wedi trefnu'r alaw
Ac wedi troi yr heulwen mlân.
Roedd y bobol i gyd yn hapus,
Roedd y gwynt o'r dwyrain,
Dim nwy yn y nen.
Roedd y gwynt o'r dwyrain,
Dim nwy yn y nen yn bod.

Cytgan
Maharishi 'yf i,
Maharishi 'yf i,
Ac fe ddes i'r byd i achub merched ffein fel ti.
Maharishi 'yf i,
Maharishi 'yf i,
Tyn dy arian di mas a rho fe i gyd i mi.

Yn y pellter clywodd uchelseinydd
Yn dysgu ffordd o fyw i'r plant.
Roedd y Guru wedi dod o Galcutta
I geisio troi yr heulwen bant.
A'i ddisgyblion i gyd yn forgrug
Yn ymgrymu'n wylaidd ger ei draed,
A dyma'r geiriau adroddodd ef iddi hi;

Cytgan

Roedd y proffwyd wedi cipio'th enaid,
Fe gollest dy ben yn y gwres.
Fe roddodd y Guru oleuni
Ac yna rhedodd bant â'r pres.
Fe redodd e'n syth gyda'i fag yn ei law
I newid yr arian am *rupees* a reis.
Fe dalest y Guru am *single* tragwyddol i'r nef.

Cytgan

(Ar y cyd â Hefin Elis)
© Cyhoeddiadau Sain

M.O.M.FF.G.

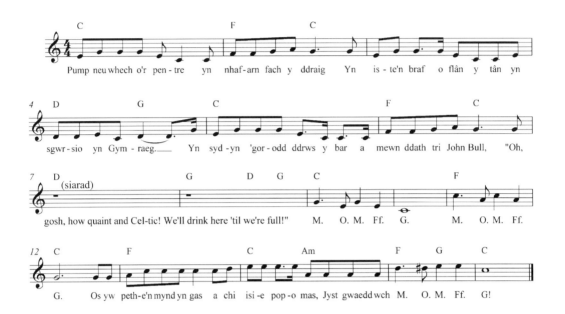

Pump neu chwech o'r pentre
Yn nhafarn fach y ddraig
Yn iste'n braf o flân y tân
Yn sgwrsio yn Gymraeg.
Yn sydyn 'gorodd ddrws y bar
A mewn ddath tri John Bull,
"Oh, gosh, how quaint and Celtic!
We'll drink here 'til we're full."

Cytgan
M.O.M.Ff.G.
M.O.M.Ff.G.
Os yw pethe'n mynd yn gas a chi isie popo mas,
Jyst gwaeddwch M.O.M.Ff.G.

Mi es i dŷ y *bobby* lleol –
Mae'i wraig e'n bishyn smart.
O'dd e 'di mynd i Grymych
I blismona yn y mart.
Ro'n i lan llofft yn dechre
Cyrraedd y nefoedd wen,
Pan ddaeth sŵn y ni-no o'r tu fas
Fe waeddodd hi, "Amen!"

Cytgan

Mi es i un dydd Sadwrn
I siopa yn y dre
Lan i Aberaeron
At Gymry gore'r lle.
Fe holes yn y caffi
Am bot o de a thost,
Daeth yr ateb, "Sorry, Taffy,
Speak English or get lost!"

Cytgan

Wel, 'na chi beth ofnadw nawr
Yn 'ych gwlad 'ych hun,
Bod pawb ag acen estron
Yn siarad fel y Cwîn.
Ond ma Prins Charles wedi addo
Bo fe'n mynd ar WLPAN *course*,
"I'll do it when my sister, Ann,
Stops looking like a horse!"

Cytgan

Os af i lan i'r nefoedd
(A gobeithio dyna wnaf)
I ganu yn y côr uwchben
A hithau'n fythol haf.
Os glywa i wrth y gatie
San Pedr yn dweud "Helô",
Mi droa i rownd a gweiddi,
"My friends are all below!"

Cytgan

NADOLIG DDOE A HEDDIW

NADOLIG DDOE A HEDDIW

Mae'n gynnes yn y Penllwyndu
A gwres yn llenwi'r tŷ.
Sêr uwchben, â'r lloer fel gem,
Cymyle ar y bryn fel angylion gwyn
A llyged y plant yn syn,
A llyged y plant yn syn.

Yn y ffenest mae fflamau'r tân
I'r nos yn cludo'r gân,
A chlyche'r llan yn y gole gwan
Yn ein galw ni i ddod yn llu
I 'muno yn yr harmoni,
I 'muno yn yr harmoni.

Cytgan
O, Hosanna, mae'r Nadolig wedi dod,
A'r eira ar y pinwydd yn wyn.
Awel fain yn cario sain, y clychau'n canu clod,
Haleliwia, mae'r Nadolig wedi dod.
(A blwyddyn arall wedi mynd.)

Sŵn tylluan yn y clochdy pren
Fel ysbryd fry uwchben
Yn galw'r awr nes ddaw y wawr
Pan ddaw pawb ynghyd i'r eglwys glyd
Ar ddiwrnod gore'r byd,
Ar ddiwrnod gore'r byd.

Cytgan

Mae'n dywyll lawr y cwm
A'r plant yn cysgu'n drwm.
Breuddwydion mân bob un ar dân,
Siôn Corn a'i sach wedi canu'n iach
Cyn daw y bore bach,
Cyn daw y bore bach.

Cytgan

© Cyhoeddiadau Mwldan

NWY YN Y NEN

Ar ben y myn-ydd   mae cwm-wl gwyn,   A'r haul yn dawn-sio   ar don-nau'r llyn.

Mae drws yr eg-lwys wed-i'i   gloi,_____   A glas y dor-lan wed-i   ffoi._____

Mae'r plant yn gad - ael am y   dre, Mae'r plant yn gad - ael am y   dre.   Ond mae

nwy yn y nen Ac mae'r lleu-ad yn wen Ac mae rhyw-beth o'i le   yn y   dre._____   Ond mae

nwy yn y nen Ac mae'r lleu - ad   yn wen Ac mae rhyw-beth   o'i le   yn y   dre.

NWY YN Y NEN

Ar ben y mynydd mae cwmwl gwyn,
A'r haul yn dawnsio ar donnau'r llyn.
Mae drws yr eglwys wedi'i gloi,
A glas y dorlan wedi ffoi.
Mae'r plant yn gadael am y dre,
Mae'r plant yn gadael am y dre.

Cytgan
Ond mae nwy yn y nen
Ac mae'r lleuad yn wen
Ac mae rhywbeth o'i le yn y dre.
Ond mae nwy yn y nen
Ac mae'r lleuad yn wen,
Ac mae rhywbeth o'i le yn y dre.

Glaw yn disgyn dagrau o aur,
Sŵn tywyllwch a dawns y dail..
Mae'r ysgol fechan heb ei chân,
Teganau pren yn deilchion mân,
A'r plant yn gadael am y dre,
A'r plant yn gadael am y dre.

Cytgan

A phan ddaw'r gwanwyn i hebrwng yr haf,
Mewn dyffryn unig ar fore braf,
Mi glywaf sŵn y traed ar ras
Yn dweud ffarwél i'r ddinas gas.
Mae'r plant yn mynd yn ôl i'r wlad,
Mae'r plant yn rhedeg 'nôl i'r wlad.

Cytgan

OS

Cytgan
Os na ddaw yr haf i Dresaith,
Ac os na ddaw y gwanwyn chwaith,
Ac os na ddaw neb arall lawr i'r traeth
Bydd hi'n nefoedd yn ein pentre bach ni.

Dim twristiaid tew ar y tywod
Yn dod â'u cŵn i ddomi wrth y môr.
Dim sŵn plant bach cas o Wolverhampton (na Rhyl!)
Yn gweiddi bod y dŵr yn o'r.

Cytgan

Gardd y Ship yn llawn o bobol leol,
Steve a Phil a Ianto wrth y bar.
Dim hanner awr o giwo i gael cwrw
A Cocni mawr yn gweiddi lawr dy war.

Cytgan

Dim 'Sweet chariot' lawr y dafarn,
Dim sŵn *ghetto blasters* drwy y dydd.
Bydd pawb 'di aros gartre yn Brittania
A'r pentre yn anadlu'n rhydd.

Cytgan

Daw'r *bobby* moel bob haf i lawr i'r pentre,
I fwcio'r ceir sydd wedi'u parcio'n rhacs.
Tocyn i bob un sydd â GB ar ei din
Mae'n 'i alw fe yn Tourist Tax!

Cytgan

Mae'r tai sy'n wag ac unig drwy y gaea'
Yn neud i'r bobol leol deimlo'n flin.
Ond neithiwr yn ei jin, ga's Glyndŵr y syniad hyn:
Tŷ haf sy'n mynd ar dân ar ben ei hun!

Cytgan

© Cyhoeddiadau Mwldan

ROSI

Rosi, cwsg yn dawel;
Rosi, cwsg mewn hedd.
Yna daw mieri
I dyfu dros dy fedd.
Mae dy gorff yn llonydd
Glyd o dan y ddôl.
Ni ddaw neb i'th ddeffro,
Does dim neb ar ôl.

Cytgan
Does dim neb ar ôl i weld
Yr wylan ar y traeth.
A does dim pobol yma
I weled 'nôl dy waith.
Rosi, does 'na neb
Ar ôl i gario mlaen.
Dim ond sŵn y môr
A'r awel rhwng y drain.
Anodd yw credu,
Rosi, creda fi,
Mai dim ond byw i farw
Oeddem ni, oeddem ni.

Rosi, cau dy lygaid,
Paid ag wylo mwy.
Colli un genhedlaeth
Yn well na colli dwy.
Sneb yn malu awyr,
Does dim siarad ffôl.
Does dim neb i ddadlau,
Does dim neb ar ôl.

Cytgan

Plentyn oeddet, Rosi,
Chwech ar hugain oed.
Blode braf y gwanwyn
Yn tyfu dan dy droed.
A minne mewn tywyllwch,
Cofio gwres dy gôl,
Geiriau oer y cof yn dweud
Ddoi di byth yn ôl.

Cytgan

SMO FI ISHE MYND

Diff-odd y tân___ a cher-dda mas, Clo'r drws a chae-a'r llen.___ Mae'r

cwes-tiwn yn dy boc-ed___ A'r at-eb yn dy ben. Smo fi ish-e

mynd. (Mae'n rhaid i ti, mae'n for-e.) Smo fi ish-e mynd. (A chei-sio gwneud dy or-e.) Smo fi ish-e

mynd. (Yn er-byn y ffac-tor-e.)___ Mae'th rif di ar y rôl. Cys-god y lloer,

gwel-y yn oer,___ Medd-wl am-dan-at ti.___

SMO FI ISHE MYND

Diffodd y tân a cherdda mas,
Clo'r drws a chaea'r llen.
Mae'r cwestiwn yn dy boced
A'r ateb yn dy ben.

Cytgan
Smo fi ishe mynd.
(Mae'n rhaid i ti, mae'n fore.)
Smo fi ishe mynd.
(A cheisio gwneud dy ore.)
Smo fi ishe mynd.
(Yn erbyn y ffactore.)
Mae'th rif di ar y rôl.

Chwarter i chwech mewn tafarn wag
A'r trên yn mynd am ddeg.
Tristwch yn dy lygaid
A *roll-up* yn dy geg.

Cytgan

Does dim dianc rhag y bluen wen
A'r dyn yn pwyntio bys.
Mae amdo gwyn yn rhad,
Ond pwy sy'n talu'r pris?

Cytgan

Cysgod y lloer, gwely yn oer,
Meddwl amdanat ti.

Cytgan

(Cân gan Edward H Dafis)
© Cyhoeddiadau Sain

TI

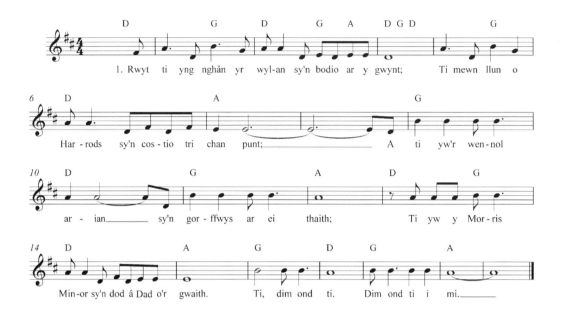

Rwyt ti yng nghân yr wylan sy'n bodio ar y gwynt;
Ti mewn llun o Harrods sy'n costio tri chan punt;
A ti yw'r wennol arian sy'n gorffwys ar ei thaith;
Ti yw y Morris Minor sy'n dod â Dad o'r gwaith.
Ti, dim ond ti.
Dim ond ti i mi.

Ti yw'r weddi cyn y wawr a'r odl yn y gân;
Ti yw cwrw cynta'r nos a briwsion pice mân;
Ti yw dail yr hydref a'r enfys rhwng y llaid;
Ti yw'r sane wrth y tân i wisgo am fy nhraed.
Ti, dim ond ti.
Dim ond ti i mi.

Ti yw arogl heulwen a'r dagrau yn y don;
Ti yw'r Poli Parot sy'n byw 'da Wncwl John;
Ti yw'r gwanwyn hyfryd a'r pylle yn y de;
Ti yw y Pacistani mwyn sy'n gyrru'r bws i'r dre.
Ti, dim ond ti.
Dim ond ti i mi.

CERDDI I BLANT

ARWYR

Bwli Bocsiwr yn arwr mawr:
Bwrw pawb yn fflat i'r llawr;
John 'y mrawd yn arwr mwy:
Byta jeli heb ddim llwy.

Dyn mewn roced yn mynd i'r lloer,
Yn gwibio'n chwim i'r bydysawd oer;
John 'y mrawd yn llawer gwell,
Poeri pips afal yn bell, bell, bell.

Gwleidyddion pwysig, llawn diarhebion,
Yn neud dim byd i helpu'r tlodion;
John 'y mrawd (pob parch a bri),
Yn rhoi ei farblis ola i mi.

Spiderman, Batman, Rhita Gawr,
Tarzan a sêr y ffilmie mawr;
Maen nhw i gyd yn ddi-ddim yn tŷ ni
Achos John 'y mrawd yw'n arwr *i*.

CACA-BYJI

Ro'dd byji 'da Anti Meri –
Un gwyrdd a melyn a glas,
Ro'dd e'n byw mewn caets uwchben y frij,
O'dd e wastad yn trial dod mas.
"Trueni, pŵr dab," medde John 'y mrawd
Wrth weld y byji mor drist,
Ac fe ddringodd i dop y frij â gwên
A sibrwd yn dawel, "Ust!"
Fe agorodd e'r drws yn araf
A mas dda'th y byji bach slei.
Eisteddodd yn dwt ar ysgwydd John
A gneud uffach o fes ar ei dei.
A'th John i dymer ofnadw
Na welwyd eriôd mo'i fath,
A 'na pam ma enaid y byji'n y nef,
A'i gorff e ym mola'r gath.

CARLO

Mae gennym ni gi defaid –
Un bach du â llygad wen;
Mae'n byw mewn cenel wrth y sied
Ond ma chwilen yn ei ben.
Bob dydd am naw mae'n deffro
Ac yn cyfarth ar y byd;
Yna'n rhuthro lan a lawr yr ardd
A rhedeg mas i'r stryd
Yn syth i erlid loris,
A charafáns 'run fath,
Ac mae'n mynd yn hollol wallgo
Pan welith e'r fan la'th.

Daeth adre fore Sadwrn
Â chwech o bostmyn mawr –
Eu corlannu yn y garej
A'u cael i eistedd lawr.
Un diwrnod wythnos dwetha
Daeth 'nôl â chwningen a chath,
Plismon, ficer a fan hufen iâ;
Ma fe'n mynd o ddrwg i wa'th.

Ond bore ddoe mi es â fe
I'r wlad am awyr iach,
I weld yr ŵyn yn prancio
Yn sŵn yr adar bach.
Ond nefi blw! 'Na syndod
Pan welodd ddafad fawr,
Fe drodd fel fflach a rhedeg i ffwrdd
Â'i gynffon yn llusgo'r llawr.

Dyw e ddim yn tsiaso rhagor,
Mae'n ishte'n yr ardd yn syn
Yn ddistaw feddwl wrtho'i hun,
"Be'n y byd oedd y PETH MAWR, GWYN?"

Falle nad ci defaid yw e.

DEWI SANT

Doedd dim rhaid iddo yntau
Fynd i'r ysgol fawr fel fi,
A chael gwersi hir a diflas
Am oriau maith di-ri.

Doedd dim rhaid iddo ddiodde
Bathio bob nos Lun,
Na mynd i'r gwely'n gynnar
Am fod Mam yn teimlo'n flin.

Doedd e ddim yn gorfod poeni
Fod ei dreinyrs yn rhy hen,
Na mynd i weld ei fodryb gas
Ac esgus bod yn glên.

Doedd yno ddim i'w boeni
Yn oes euraidd, hud y plant,
A dyna pam 'mond DEWI wyf fi
Ac yntau'n Dewi SANT!!!

DOST OFNADW

Wi'n teimlo'n dost ofnadw,
Ma 'mhen i'n troi fel top,
Ma'n stumog i'n gwasgu'n galed
Ac ma'r sŵn yn 'y nghlust yn ddi-stop.

Ma'n llygaid i'n rowlio rownd a rownd,
Ma 'nhrwyn i'n troi yn llwyd.
Ma 'nghoese'n crynu fel deilen –
A plis peidiwch sôn am fwyd!

Ma'r gwely 'ma'n boeth un funud
A'r nesa mae'n troi yn oer,
Ma 'nghalon i'n rhedeg fel injan dân
A 'nannedd yn dripian poer.

Ond yna mi glywaf y ffôn lawr llawr
A llais fy mam o bell –
"Ma'r arholiad wedi'i ganslo!"
HEI, MAM, WI'N TEIMLO'N WELL!

DYDDIADUR WYTHNOS — A PHUM EILIAD

Dydd Sul, dydd Llun, dydd Mawrth
Mi es rownd y byd am dro.
Dydd Mercher, dydd Iau, dydd Gwener
Mi wnes yr un peth 'to.
Dydd Sadwrn es i rownd y ffordd arall
Rhyw unwaith neu ddwywaith neu dair...

Saith diwrnod yn llawn o ddifyrrwch
Yn nyddiadur pysgodyn bach aur.

(Yn ôl rhai pobol, pum eiliad yw cof pysgodyn aur.)

FY NGHEFNDER DEI

Ma nghefnder i, Dei, yn byw yn y Gogs,
Ac ma **bois** iddo fe yn newid i **hogs**.
Dyw e ddim yn gweud **gweud** – mae'n newid i **deud** –
Trio fy nhwyllo... 'na i gyd ma fe'n neud!

Panad yw **dishgled,** a **llefrith** yw **lla'th**,
Iddo fe ma hi'n **waeth**, ond i fi ma fe'n **wa'th**!
Yn lle **bwrw** pêl, mae'r crwt yn 'i **hitio**,
Pan wi'n mynd i **hedfan**, ma fe'n mynnu **fflio**.

Ma **rŵan** yn **nawr** – wedi troi 'sha 'nôl,
A finne yn **wirion** (ma'r twpsyn mor **ffôl**!).
Dwi'n mynd am **wâc**, mae e'n mynd am **dro**.
Ma fe'n **fe** i fi – iddo fe dwi'n **fo**!

Nawr, ma **tyle** i Dei yn newid i **rhiw**,
Ewadd tad a **myn cebyst** yw'r Gog am **jiw, jiw**.
Teisen yw **cacen**, **i fyny** yw **lan**,
Tyrd yma yw **dere,** a **blawd** yw eu **can**.

Ie, rhyfedd o od yw ein hiaith ni'n dau,
Ond sneb yn gywir a sneb ar fai.
Er gwahanol yw'r geirie, yr un yw ein llef,
Wrth siarad yr iaith maen nhw'n **whilia**'n y nef!!!

GWYNT

Wi'n chwythu lawr o'r gogledd pell
neu weithiau lan o'r de,
o'r dwyrain neu'r gorllewin –
sai'n poeni lot o ble.
Wi'n joio bob eiliad o 'mywyd
yn achosi stŵr a thrwbwl,
a phan ma'r coed yn cwympo,
'sdim ots 'da fi o gwbwl.
Wi'n chwythu *wig* y gweinidog i'r baw
a het y plismon i'r cae,
codi sgertiau gwragedd tew
a theils oddi ar y tai;
rhacso dillad ar y lein
a'r cychod ar y lli –
ble bynnag ma 'na helbul
y'ch chi'n siŵr o 'nghlywed i.
Ond os y'ch chi'n meddwl 'mod inne
yn wynt sy'n ddrwg a chas,
dylech chi gwrdd â 'nghefnder
pan ma fe yn dewis dod mas.
Ma fe'n wynt ma pawb yn nabod –
ma fe'n llawer gwaeth na fi.
Y fe yw'r gwynt ry'ch chi'n TORRI.
Cywilydd – YCH A FI!!!!!!!!

JOHN TY'N POT

Ro'dd John Ty'n Pot yn byta lot,
Ro'dd ei wraig e'n byta mwy;
Os o'dd John yn byta taten
Ro'dd hithe'n byta dwy.

Mari o'dd ei henw,
A'i bola'n cyrraedd i'r llawr,
Ac ro'dd hi'n gallu byta cinio i ddeg
Mewn llai na chwarter awr.

Un diwrnod mi fytodd hi dwrci,
Ac yna buwch a dwy gath,
Ac i ddilyn mi lyncodd y wardrob –
Ro'dd hi'n mynd o ddrwg i wa'th.

Y soffa oedd y nesa,
Ac yna'r gwely dwbwl,
A phan welodd John hi'n gwenu arno fe
O'dd e'n gwbod ei fod e mewn trwbwl!

Mi lyncodd John mewn wincad
Mewn brechdan a marjarîn;
Ac i orffen y diwrnod yn daclus
Mi fytodd Mari ei hun...

Amen.

PAM?

Pam fod Cymru'n wlad mor hardd
A'r iaith Gymraeg mor dlos?
Pam fod tylluanod
Yn gweld yn well mewn nos?

Pam yn y byd ma llanw
Bob tro yn dilyn trai?
Pam ma eira'n toddi
Ar ôl rhyw ddydd neu ddau?

Pam fod mwg yn hedfan lan
A niwl yn dod i lawr?
Pam ma sêr y nen mor fach
Ac eliffant mor fawr?

Pam ma ŵyn yn brefu
A chyfarth mae y cŵn?
A phan ma'r wawr yn *torri*
Nad oes neb yn clywed y sŵn?

Cwestiynau mawr yr oesoedd
Sy wastad wedi bod,
Ond sai'n becso lot amdanyn nhw nawr
A gwylie'r HAF 'di dod!

PEN I WAERED

Pa fath o fyd a fyddai, tybed,
'Se pob un peth yn ben i waered?

Yr haul yn iâ ac wedi rhewi,
Adar yn hedfan â'u traed i fyny...

Y môr yn goch a'r cymyle'n las,
Anifeiliaid mewn tai a phobol tu fas?

Glaw yn codi yn lle disgyn,
Lloi'n dod o wye – dychmygwch y plisgyn!

Defaid yn canu yn braf yn y coed,
Ieir a llwynogod yn chwarae pêl-droed!

Hufen iâ poeth a sglodion blas jam,
Babis yn beicio a'u rhieni mewn pram?

Jiráffs â gyddfe byrion
A chathod â rhai mawr.

Haul yn codi'n hwyr y nos
A'r lloer yn dod 'da'r wawr.

Popeth yn ben i waered,
A neb yn cael mwynhau...

Na, mae'n well 'da fi y byd bach hwn
Yn union fel y mae!

PETHE SY'N 'Y NGNEUD I'N HAPUS, PETHE SY'N 'Y NGNEUD I'N DRIST.

Sosej, wy, a bîns a tships,
Hufen iâ a chnau,
Codi'n hwyr, yr eira'n drwm
A'r ysgol wedi cau.
Dydd Nadolig a phen-blwydd,
Gwylie glan y môr,
Stretsio nhra'd mewn gwely twym
A ffindo patshyn ôr.
Sgorio cais ar faes y Waun,
Ca'l sws 'da Lisa Jên,
Teimlo'r heulwen ar fy ngwar,
Ca'l punt wrth Nain – sy'n hen.

Bwrw glaw ar Sadwrn hir,
Byta uwd heb jam,
Ddim ca'l aros mas yn hwyr
A ddim yn gwbod pam.
Colli gêm o goncyrs
I Guto bach, y snych,
Cael sociad yn y gwersyll
Tra bo'r lleill i gyd yn sych.
Aros 'nôl 'rôl ysgol,
I neud syms i Wili John,
Neu wersi piano ganol haf...
A darllen cerdd fel hon!

SŴN Y DISTAWRWYDD

Yng nghanol y nos, pan mae popeth yn ddu,
Mae rhywbeth yn cripian o gwmpas y tŷ;
Mae'n cuddio'n y cysgod yn slei dan y seld
Ond os ewch i edrych, fydd dim byd i'w weld.
A phan fydd y grisiau yn gwichian yn dawel
Neu'r llenni yn symud (er nad oes un awel)
Bydd sŵn y distawrwydd yn ddigon i ddychryn,
Bydd calonnau'n rhoi'r gorau i dician am dipyn.
Gwrandewch yn astud am droad y clo
Yna i mewn i'ch ystafell y daw... BWCI BO!!

TRESAITH

Mae'r gaeaf yn nefoedd lawr yn Nhresaith,
Y môr yn ei dymer yn ad-drefnu'r traeth.
Gwylanod anniddig yn cwyno'n Gymraeg,
Adleisiau hen forwyr yn glwm yn y graig.
Mae'r pentre yn wag, dienaid yw'r tai,
Eu ffenestri yn ddall, eu drysau ar gau.
    Shangri-La unig
    Ar ddiwedd y byd,
    Ac yna daw'r gwanwyn
    I chwalu'r hud...

On'd yw gwenoliaid yn swnllyd?

TYLWYTH TEG 'TO!

Ma tylwyth teg yn byw'n tŷ ni,
Ond ble? Does neb yn siŵr.
Maen nhw'n bobl fach ddireidus
Sy'n creu pob math o stŵr.

Nhw sy'n gadael y gole mlân
A rhoi menyn yn y pot jam,
Troi'r radio mlân yn uchel
Pan ma pen tost 'da Mam.

Nhw sy'n gadael llestri
Mewn pentwr yn y sinc,
Rhoi mwd ar draws y carped
A staeno'r cowtsh 'da inc.

Maen nhw'n mynnu taflu 'nillad
Ar lawr y stafell wely,
Mynd i'r oergell ganol nos
A llenwi'u bolie â jeli!

Does neb erioed wedi'u gweld nhw –
Maen nhw'n glyfar, wyddoch chi,
Ac ma Dad yn dweud pan wi'n mynd mas
Maen nhw i gyd yn mynd 'da fi!

YSGOL? YCH!

Dwi ddim yn hoffi'r ysgol,
Dwi ddim yn hoffi'r plant
Na gwersi hir undonog
Yn sôn am Dewi Sant.

Dwi ddim yn hoffi cyfri
Na gwersi Saesneg chwaith,
Ac am y gwersi daearyddiaeth –
Oes unrhyw beth yn waeth?

Mae'r oriau hir yn llusgo
Ac mae'n ffrindiau i gyd tu fas,
A finnau'n gorfod gweithio'n hwyr
Gyda deg o blant bach cas.

Mae'n anodd iawn egluro pam
Nad wi'n mwynhau fy hun –
'Chweld, fi yw y PRIFATHRO
A chi i gyd yn neud fi'n FLIN!

Y PARTI

Mi gafodd Winston Digby,
Heliwr anifeiliaid gwyllt,
Wahoddiad i barti'r llewod
Yng nghrombil coedwig Tre-Syllt.

Aeth lawr ar bnawn dydd Sadwrn
Gan ailadrodd o hyd ac o hyd,
"Mae'r llewod yn gwerthfawrogi, chi'n gweld,
Mai fi yw y gore'n y byd."

Ond ow! Pan gyrhaeddodd eu ffau bach clyd,
Edrychodd yn syn ar y bwrdd
Gan droi yn ddirmygus at y llewod a dweud,
"Ro'n i'n meddwl mai am barti ro'n ni'n cwrdd."

"Wel, wrth gwrs," meddai'r llewod a'u llygaid yn llon.
"Mwynhewch y pryd gyda ni."
"Ond sdim byd i'w fyta," meddai Winston yn sych.
"O, OES," meddai'r llewod. "Ti!"

CERDDI DIFRIFOL

CADWYN

Cadwyn crwn yw'r geiriau
Sy'n arwain at y bedd.
"Bedyddiaf di" sy'n dechre'r daith
A rhoi i blentyn hedd.
Y nesa yw "Gymeri di?"
Sy'n arwain at y pen,
A geiriau ola'r bywyd hwn
Sef "Cwsg mewn hedd. Amen."

COLLI FFRIND

Mor dawel yw y sêr
Yn siglo fry'n y nen
Fel gemau bach yn tincial
Tu ôl i'r lleuad wen.
Roedd gen i seren swnllyd,
Hen gyfaill roc a rôl
Sydd heno gyda'r lleill uwchben...
... Mae mor dywyll ar ei ôl.

ER COF

Mi es i lan i'r fynwent ddoe
Lle rown ni'n arfer cwrdd,
Mi gloddies i dy gorff di lan
A thorri'th law i ffwrdd.

Rwy'n teimlo'n hollol hapus nawr,
A'r rheswm ydi hyn –
Caf eistedd yma heno
A dal dy law di'n dynn.

ROC A RÔL A CHERDD DANT

Mae'r blynyddoedd wedi pasio fel cymyle yn y gwynt,
Atgofion yn gwywo fel sêr
A dyddie plentyndod yn diflannu fel mwg,
Dyddie mor felys a phêr.

Drwy'r niwloedd sy'n lliwio'th freuddwydion
A'r lluniau sy'n cuddio'n dy ben,
Rwyt ti'n estyn bob nos am atgofion y ddoe
Ond amser a gaeodd y llen.

Mae'r cysgodion yn tyfu ar ddiwedd y dydd
A daw'r machlud mor ysgafn ei droed
I gyfarch y tywyllwch cyn toriad y wawr,
Ac mae'r lleuad mor wyn ag erioed.

Cytgan
Ble aeth ein dyddie dedwydd,
Ein dyddie llygaid y plant?
Wedi tyfu'n rhy hen i roc a rôl
Ond rhy ifanc, medden nhw, i gerdd dant.

SBECTOL AR DÂN

(Cân i ddathlu pen-blwydd Ems,
a'r gerddoriaeth gan Sbardun.)

Mae'r haf wedi mynd
Ac mae'r ceir yn troi 'nôl
Dros y bont i'w bywydau bach ffôl.
Wedi mynd mae eu sŵn,
Eu clebran a'u cŵn,
A does dim ond distawrwydd ar ôl.

Ac yn edrych ar fachlud
Yr haul dros y môr,
Llanc ifanc â'i sbectol ar dân,
Y tywod a'r tonnau
Yn plethu eu nodau,
Ac o'r gorwel daeth geiriau ei gân.

Roedd 'na dri ar y llwyfan
Lle'r oedd pedwar i fod,
A'r trefnwyr yn holi ble uffarn oedd o?
Yn glyd yn ei wely
Neu'n breuddwydio mewn bar,
Ond roedd ei ysbryd o yno bob tro.

Canwyd ei gân
Dan y golau gwyn,
Achubwyd ei alaw o'r lli,
Disgynnodd ei nodau
Fel gwlith ar y blodau
Ac mae angen ei gân arnon ni.

Mae'r munudau a'r oriau
Yn llithro a throi
Yn flynyddoedd sy'n gadael eu hôl,
Ac yn fêl mae'r atgofion
Am y seshis a'r straeon
A'r ffrindia mor ddedwydd a ffôl.

Maen nhw'n gwau ar yr awel
Hen luniau o oes
Pan oedd pawb yn ymuno'n y gân,
Ond mae gwewyr y geirie
Yn dal ar y creigie,
Llanc ifanc â'i sbectol ar dân.

TI YW FY NGHERDD

Ti yw fy ngherdd heb y geirie
A ti yw fy nghân heb ei thôn,
A ti yw y troad heb arwydd
Yn arwain at ddiwedd fy lôn,
A ti yw y gwely heb gwmni,
Yr oerni cyn toriad y wawr,
A cariad, roedd rhaid i fi sgwennu.
Mae'n wag hebddot ti yma nawr.

TICH

(Cân i Tich Gwilym, y gitarydd, gyda cherddoriaeth
gan Hefin Elis, ar y CD *Geirie yn y Niwl*.)

A hithau'n troi yn wanwyn
A'r haul yn lliwio'r lloer,
Pam est ti i ffwrdd mor gynnar
A'n gadael ni mor oer?

Dy wên yn llenwi'r llwyfan,
Y llyged dwfn ar dân,
A'r bysedd cain yn fflachio
I'n tynnu ni mewn i'r gân.

Wyt ti'n cofio'r sêr yn y Faenol
Fel c'nwylle bach yn y nen,
A node 'Hen Wlad fy Nhade'
Yn hedfan fry uwchben?

Y gynulleidfa'n galw am fwy
A tithe'n clymu'r gân ynghyd,
Pob llygad yn y lle yn rhyfeddu
Ar y dewin bach â'r dwylo hud.

A weithie ar noson o aeaf
A'r twyllwch yn pwyso mor ddu,
Rwy'n dal i glywed tannau y dewin
Yn dod â'r gân yn ôl i ni.

Y GÊM

(Gêm rygbi Cymru yn erbyn Lloegr yn Wembley, 1999.)

Pan fydda i'n isel iawn a thrist
A'r byd i gyd yn mynd yn ddu,
Estynnaf am y fideo
O'r gêm ore weles i.
Cymru yn erbyn Lloegr
A'r gelyn ar y blân,
Y cryse coch â'u penne lawr
A'r gwynion oll ar dân.
Dim ond munud fach i fynd
Pan ddaeth y bêl i Scott,
Ddeg llath o flân ei lein ei hun,
Fe ochrgamodd fel shot.
Yna...
'Nôl a mlân fel gwyfyn coch
Yn hedfan dros y llaid,
Y Saeson fel rhyw geilys clai
Yn disgyn dan ei draed.
Dros y lein, a lawr â'r bêl,
Neil yn hollti'r pyst.
Tri deg dau i dri deg un,
Wel, 'na chi Saeson trist...
Mae 'nghalon wedi codi!
Mae'n gweitho dro 'rôl tro!
Dagrau'n chwerthin lawr fy ngrudd –
Jawl, fe chwaraea i'r fideo 'to!
A 'to,
A 'to,
A 'to...

O.N. Ond erbyn Dolig nesa,
Gan Santa Clôs, wrth lwc,
Ga i arwr fideo newydd –
Yr anghymharol Hook.

YR ACTOR MAWR

Mi gymroch chi fy enaid
A'i droi yn arian mân.
Mi gipioch chi fy ysbryd,
Mi brynoch eiriau 'nghân.
Rhoddwyd imi addysg rad
A geiriau gwag o glod,
Ond anghofiais sut i feddwl.
Anghofiais beth oedd bod.
     Anghofiais.
         Felly,
Trowch fi'n ddarn o blastig,
Rhowch geiniog yn fy ngheg,
Ond chewch chi fyth mo 'mreuddwyd,
Fy mreuddwyd dlos a theg.
Mae hi'n ddwfn tu mewn i f'ymennydd,
Yn ddiogel yn fy mhen.
Daw'n rhydd pan fyddaf farw
I hedfan fry'n y nen.

TAFARN BESSIE

(Cywirwyd 9 gwaith gan y Prifardd Idris Reynolds.)

Awn ni draw yn ddau neu dri – yn y nos
Yn ysu am firi.
Heno, hedd y medd i mi
A Bass ein hannwyl Bessie.

CERDDI DIGRI

CÂN Y BABIS

(Rhaglen Dafydd a Caryl, Radio Cymru, Ionawr 2013)

Ers i mi ddechre'r gân fach hon
Wi'n gweld babis ymhob man.
Wi'n gweld babis yn fy nhrwmgwsg
Ac ma 'na fwy pan wi'n dihuno lan.
Wi'n gweld babis yn fy nghornfflecs,
Maen nhw'n tyfu yn yr ar',
Maen nhw'n ishte ar fy mheint i
Pan wi'n sefyll wrth y bar.
Ble bynnag rwyf fi'n edrych
Wi'n gweld ryw fabi'n cwato.
Tro dwetha ges i ginio Sul
Ro'n nhw'n gyrglo yn y tato!

Felly, croeso i Cadi Martha,
Mae hitha'n chwaer i Medi,
Mae'n hanu o Benarth
Ac mae'n siŵr o dyfu'n ledi.
Yn ysbyty mawr Glan Clwyd
Y babi cynta leni
Oedd Megan Eira, merch Arwyn Jones,
Ac Emma 'i wraig nath y geni.
Mewn Ysbyty o'r enw Ifan
Ganwyd Nico Llwyd mor ddel
Yn fab i Awel a Berwyn
A brawd Bedo, Nanw a Nel.
Helô i Gwenlli Fychan,
Merch i Elin a Mic,
Dyfan Jac, Llansannan,
O jiawch maen nhw'n dod yn gwic!
Daeth Megan Grug o'r Felin
A Lilwen o Gaerdydd,
Efa Llwyd o Bontyberem,

Nefi blw, bydda i 'ma drw'r dydd!
Daeth Poppy Catrin i Karl a Kat
A Leah Gwen o'r Groes,
Ac i Bethan ac Alan daeth Morgan a Celt
Yn frodyr bach cyffrous.
Archie John o Lerpwl,
Ac i'r Wirrall daeth Fflur Rees,
Yna Celt Môn Jones ac Elain Lois,
Wi'n dechre torri mas mewn chwys!
Croeso Nanw Huw, yn wyth a hanner pownd,
Nansi Simmonds, merch Heledd a Steff,
Ma 'mhen i'n mynd rownd a rownd.
Sara Elen o Gaerffili,
Tomi Ellis a Hari Fôn,
Bela Wyn Tomas, ac Efa Grug –
Ma'r enwe'n mynd *on* ac *on*.
Owain Huw Williams ac Owain Myfyr,
Lucas Sousa Owen,
Gwenno Mared Lloyd
Sy'n byw ym Mancffosfelen,
Jona Tomos Owen,
Nia Elen Grace,
Tomos Hywel o Margam,
Ma'r diwedd yn dod yn nes!
Eiry Angharad o Ddinbych,
Layla Mari, merch Donna a Huw,
Dim ond pedwar sydd ar ôl,
A Lili Efa, o jiw jiw!
Robert Dion, mab Arwel a Val,
A Joseph Llywelyn glei,
Gwenlli Rosina, Cian ac Elliw
A dyna i chi'r cwbwl, bei bei!

COLLI'R FFORDD

Sai'n beio'r ficer, ond yn hytrach 'i wraig
Am yr helynt ddigwyddodd dydd Sul.
Ma fe'n fachan *quaint*, lico rygbi a pheint,
Ond ma hithe'n hen gnawas fach gul.

Fe ddechreuodd y trwbwl pan ganodd y ffôn
Yn fore, am gwarter i chwech,
Car y fic pallu mynd ac yn holi fy ffrind
Am lifft i Moreia, Trelech.

"Ocê," medde fi. "Bydda i rownd yn 'ych tŷ
Cyn i chi ddweud pedwar Hail Mary,"
Ac fe wishges i 'mhants, a brwsh bach i'r dants
Yna rownd i'r tŷ capel, Bryn Deri.

O'dd y ddau wrth y drws, a heb rhagor o ffws
'Ma ni off yn y Mini fel mellten.
O'n i'n drifo mor gwic a'th y ficer yn sic
Tra o'dd hithe'n y cefen yn llefen!

"Pwy ffordd?" gwaeddais i – o'n i'n neud cant a thri!
A'r teiars yn mygu fel tân.
"Sai'n gwbod – wi'n *lost*," medde fe, "a wi'n dost..."
Saib
Ac o'r cefen da'th sŵn 'Calon lân'.

Ac yna dechreuodd hi weiddi'n ddi-stop,
"Instrycshons shwt i gyrraedd yn hawdd.
I'r dde, ac i'r chwith – yna mlân â ti'n syth."
Ac a'th dannedd y ficer i'r clawdd!

"Thlow down," medde fe. "Llai moyn mynd i'r ne,
Yn enwedig oll yw hi gyda fi."
"Na finne chwaith," medde hithe yn ffraeth.
"A mae nawr yn bron chwarter i dri."

A'th y car bach ymlaen drwy Crosshands a'r Bontfaen,
O'dd y daith wedi mynd bant o'r reils,
A bei, bei 'Calon lân' pan gwelom, o'n blân,
Arwydd mawr yn dweud GLASGOW 5 MILES. (*Acen Scot*)

Troi 'nôl – *handbrake turn* – o wlad Robbie Burns,
Yn Gretna lladd mochyn a hwrdd.
'Nôl i Gymru fel shot ac wrth baso trw Sblot
Medde'r ficer, "Llai'n cretu wna i'r cwrdd".

Ond o'r diwedd dacw fe, ar gyrion y dre,
MOREIA! A phawb y tu fas.
Cynulleidfa fach nét wedi gwisgo'n *sedate*,
Ond jawl o'n nhw'n edrych yn gas.

Rhy hwyr i bregethu – o'dd y fic wedi methu
 chyrraedd i adrodd Y WERS,
Ond gweddïodd yn ffein – geiriau ola oedd rhein:
"O Dduw, ga i lifft adre mewn hers!"

CRICED

O'dd Dai yn ffansïo Brenda, whâr Wil,
O achos maint 'i *chest*,
A dwi ddim yn siarad am seidbord nawr
Ond yn hytrach am bethe Mae West.

O'dd hi wedi bod yn Deiri Cwîn
Ac o'dd ganddi gwpane di-ri,
(A na, nid rhai arian ar silff o'dd y rhain
Ond rhai *whalebone* seis 44D).

Ond ro'dd problem fawr gan Brenda,
O'dd hi'n shei (a hithe'n dri deg tri).
Weithie fe wisge hi *bathers* i'r bath,
Ac *earplugs* yn y toiled yn y tŷ.

Ond jawl, o'dd hi'n leico criced
(A bydde hyn yn arf i Dai),
Gofynnodd i Brenda i alw'n ei dŷ
I watsho'r Test ar nos Iau.

A dyma fel y digwyddodd hi:
Nhw'll dou o flân y tân,
Hithe'n daclus yn 'i dillad dydd Sul
A Dai wedi gwisgo pants glân.

Lloeger yn bowlio i India,
A nhw'n batio'n dda, whare teg.
Ond ro'dd gêm wahanol ar feddwl Dai,
O'dd e moyn sgorio'i *hunan* cyn deg.

Cwpwl o ddrincs a phaced o grisps
A dechreuodd Brenda ymlacio.
Daeth gwên fach slei i wyneb Dai,
Myn yffach, o'dd hon jest â chraco!

Cripiodd yn nes, â'i fraich tu cefn,
A'r llaw arall ar 'i phen-glin;
Ond yn sydyn, fe dwistodd Brenda
A dod yn syth at 'i hun.

Mi gydiodd yn yr ashtrei
A'i dowlu –
WHAM!
BAM!
CLYMP!
A'r unig sgôr gas Dai'r noson 'ny
O'dd '*Out: Bowled middle stump*!'

GEIRIAU OLA ENWOG

– 'Dyw e ddim yn *edrych* ei fod e'n cnoi.'
– 'Ffit?? Ddangosa i iti *ffit*, gwboi.'
– 'A' i jest i bipo dros y graig.'
– 'Wi'n cofio bod yn y coleg 'da'ch gwraig.'
– 'Wrth gwrs bo fi'n deall popeth am drydan.'
– 'Uffach, cariad, 'na beth *yw* pen-ôl llydan.'
– 'Hei, del, sut hoffet ti af'el yn hon?'
– '*I say, Taffy – how did Wales get on*?'
– 'A beth 'ma'r botwm bach coch 'ma'n gwneud...?'
– 'I fod yn onest, o'dd dy whâr di'n well reid.'
– 'Jest un bach arall cyn stop tap.'
– 'Meic Tyson, y *tosser* – ma dy focso di'n crap.'
– 'Wi 'di nofio ers blynydde – af i reit rownd y bae.'
– 'Mae honna'n debyg i wili – ond jawl – mae'n lot llai.'

HYSBYSEB YN Y TIVYSIDE

Yn eisiau gan ŵr reit sefydlog:
Gwraig ifanc sy'n hollol ddwyieithog,
Un sy'n joio mynd bant ar 'i gwylie
Ac sy'n berchen rhyw fath o long hwylie.
Merch ifanc a thene, un lluniaidd, blond bert
Sy'n edrych yn dda mewn bicini neu sgert.
Un â digon o hiwmor, a hefyd sy'n gwc,
Heb blant, cŵn na chathod sy'n moyn trial 'i lwc,
Gyda gŵr canol oed, un tew â phen moel,
Yn hoff iawn o hwylio ar y môr yn yr houl.
Nid wyf yn gyfoethog, ond wi'n hoffus a swil,
Yn berchen ar fflat fach wrth y môr yn y Rhyl.
Wi wedi cal *bypass* ac op ar fy hip,
A blwyddyn i heddi fe ges i y snip.
Fe'th garaf am byth, yn ŵr ffyddlon tra mad.
P.S. Halwch lun (itha manwl) o'r bad.

LECSIWN

Ma rhywbeth am lecsiwns wi'n lico,
Chi'n dewis eich bocs a chi'n tico,
Ond ma taflu'r holl ddom yn dipyn o siom
A thrueni bod cymaint yn stico.

Maen nhw'n llawn o addewidion
Am drethi, a gwaith a'r Gymrâg,
Ond mae braidd yn anffodus bod rheiny,
Fel eu pennau, yn hynod o wag.

Mae rhai yn dda am siarad
Ac eraill am weiddi yn groch,
Ac mae'r geiriau diystyr fod i ddisgyn
Fel perlau o'n blaene ni'r moch.

A llunie yn y papur lleol
O'r MPs a'u gwenu mawr ffôl
Yn cusanu holl fabis yr ardal –
Ga'n nhw wneud yr un peth i 'mhen ôl.

Daeth rhyw ledi go smart po ddiwyrnod
Â holiadur llawn bocsys di-ri.
'Na chi'r fenyw fach gynta imi glywed
Yn gofyn am dic wrtha i.

Ie, wi'n hynod o falch am y lecsiwn,
Ma fe'n hwyl, ma fe'n sbort, ma fe'n sbri
A'r tro nesa daw e rownd,
Os y'ch chi'n moyn rywun sownd,
Myn yffarn – fotiwch i fi!

Y TEBOT PIWS

TYNNU COES 'DA'R TEBOT (MA 'DYBL' EMS AR Y CHWITH). EISTEDDFOD GENEDLAETHOL RHYDAMAN, 1970

Y TEBOT A'R DYNIADON YN CANU 'CÂN Y PLISMON HAPUS'. EISTEDDFOD GENEDLAETHOL RHYDAMAN, 1970

HAWLFRAINT: RAYMOND DANIEL

M.O.M.FF.G. (MAE EMS Y TU ÔL I GARAFÁN — JÔC, EMS...) EISTEDDFOD GENEDLAETHOL ABERTAWE, 1964

FI A SBARDUN YN SYNNU BOD STAN YN COFIO'R GEIRIE (MAE EMS Y TU ÔL I'R LLENNI YN CYSGU — JÔC, EMS!) EISTEDDFOD YR URDD LLANELLI, 1975

EDWARD H DAFIS

8 PEINT A 3 CHORD

ELERI LLWYD YN ENNILL CÂN I GYMRU
1971 GYDA'R GÂN 'NWY YN Y NEN'
(FI YW'R UN AR Y CHWITH).

SBOT DDY ROBAT GRUFFUDD!

CLEIF: SHWT GAFODD E UN WEN?
FI: SHWT GAFODD E UN O GWBWL?

CLEIF A FI (YN IFANC) AR DDIWRNOD
PRIODAS Y DYN O DEL MONTE.

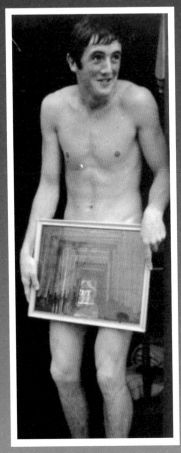

WAYNE A CADI YN UNO. WEL, ROEDD EI MAM WEDI
PARATOI'R GACEN, FELLY ROEDD YN RHAID PRIODI.

LWCUS BOD Y LLUN
YN UN MOWR!

Y GELYN ODDI MEWN: DAU ACTOR DA
A JOHN OGS (JÔC, JOHN!).

CYN Y LLAWDRINIAETH.
(ONE SNIP AND BOB'S YOUR AUNTY!)

GWERTHU PLANT YN SAIN FFAGAN.

WPS... TORRI GWYNT

NIA CARON A'I CHARIAD RICKY HOYW.

TRI O ARWYR PENYBONC. JOBLOT — FY HOFF GYMERIAD ERIÓD.

TECS HAFGAN (ATEB CYMRU I DIRTY HARRY).

CHI MOYN UN MAWR? WWW, STOPIWCH HI!

EDRYCHWCH I'M LLYGAID AC
YMLAAACIWCH. ZZZZZZ...

'RUN PETH I CHI!

PWY SYDD DDIM YN PERTHYN?

DYSGWCH SAESNEG —
GWRANDEWCH AR RADIO CYMRU!
(FY HOFF GRYS T.)

CERDDORION O FRI... A CLEIF HARPWOOD (JÔC, CLEIF!)

GWIREDDU BREUDDWYD 50.

YN CHOMOLUNGMA, TIBET ('EVEREST' I'R SAIS)...

... A MONGOLIA YN Y GYFRES BYD PWS, O FLAEN PAFILIWN NEWYDD Y STEDDFOD.

IE, IE, 'NA FE!

HWYLIO YN IWERDDON. HEI, BLE MAE'R TONNAU? (A DWEUD Y GWIR, BLE MAE'R MÔR?!)

JO CŴL YN LLYDAW.

GOREUON GATLAND!

CORRACH BACH BLIN.

TWLL EU TINE NHW!

MEWN CIW YN DISHGWL FY MHENSIWN.

OFFERYN ARALL WI'N METHU Â'I CHWARE (DAFYDD IWAN DDYSGODD FI — JÔC, DAFYDD!)

LWC O ANLWC

Ro'dd Wil yn foi anlwcus iawn,
O'dd e byth yn ca'l pethe'n reit.
Pan fydde'n dadle â'i hunan, hyd yn o'd,
Y fe fydde'n colli'r ffeit.

Ond wedyn enillodd ar raffl,
Ac ar gost o ffiffti pi
Cas ddeg fidio lliw o bigion
Heno ar Es Ffor Si.

Un gwanwyn ac yntau yn drigen a mwy
Clywodd glychau'r llan yn ei alw,
Ro'dd dewis o ddwy i ga'l gyda Wil
Ond fe briododd e'r un salw.

Mewn tristwch fe brynodd e focs After Eights
Fel trît iddo'i hunan 'rôl gwaith.
Ond O! Gwae ac och, a'th e'n dost am whech
A bu farw am chwarter i saith.

Pan gyrhaeddodd y gatie aur mas o law
Daeth Pedr i'w gyfarch yn glên:
"Wil bach, gest ddigon o anlwc, dere mewn,"
Ac agorodd y porth gyda gwên.

LLYTHYR AT SANTA

Annwyl Siôn Corn, a'r farf llaes a gwyn,
(Sori sdim stamp – ond ma arian yn brin,)
Mae gen i gyfrinach 'da chi i'w rhannu –
Ers rhai blynyddoedd rwy'n dechrau diflannu!
Yn gyntaf aeth fy nannedd
A 'ngadael â cheg fel llo,
Fydd hi'n bosib cael set o ddentures, plis?
(Ail law o Japan wneith y tro.)
Y nesa i fynd oedd fy nghlustie
Ar y flwyddyn y ces i fy mhensiwn.
Mae pawb yn gweiddi rownd y ril
A finne bob tro yn dweud "PAAAARDWN?"
Felly, Hearing Aid cryf, os gwelwch yn dda.
O! A thra bo chi wrthi, ga i *glasses*?
Cusanais ffarwél i'n postman ddoe
Gan feddwl mai fe oedd y Missys.
Penglin newydd, *zimmer frame*,
Comôd a *wig* a staes,
A nawr, myn jawch, wi'n cael *writers cramp*
Ac yn dechrau colli'n llais!
A finnau'n mynd yn llai a llai,
Af tua 'medd yn hapus.
Caf fy nghludo i'r llan yn *handbag* y wraig
A'm claddu mewn hen focs matshys.

MYNACHOD CWMCOED

Roedd mynachod Trapistaidd Cwmcoed
Yn dathlu canmlwyddiant eu sefydlu.
Ro'n nhw'n sect itha difyr a hapus
Ac enw'u harweinydd oedd Dudley.

Nawr wi'n siŵr fod y ffaith i chi'n hysbys
Nad yw Trappists yn cael siarad o gwbwl,
Ac felly, yn y cinio a drefnwyd
Ro'dd hi'n amlwg i bawb base trwbwl.

Fe fyton nhw'r bwyd yn hamddenol
Ac yna daeth y gwledda i ben.
Fe ddiolchon i'r Tad (yn feddyliol, wrth gwrs)
Ond ni glywyd sŵn unrhyw Amen.

Fe gododd y pennaeth yn sydyn,
Ei lygaid yn ddisglair a chwim,
"SSS-SSS' (*chwibanu*) medde fe, a "S-S-S-S,"
A deallodd y gweddill i'r dim.

I eilio yr araith daeth y Deon
"S-S," medde'n fusgrell a hen.
Ond yna cododd lleian ddireidus.
"S-S!" (*wolf whistle*) ebe hi gyda gwên.

Gadawaf y gweddill i'ch dychymyg,
Daw pethe yn glir maes o law,
Sdim mynachlog i gael erbyn hyn yng Nghwmcoed
Ond... mae'r Trappists yn joio mas draw!!

NOA

Un diwrnod ga'th Noa y neges i adeiladu arch.
Fe ddaeth ar yr *hotline* o'r nefoedd felly rhaid oedd dangos parch.
"Dos i gasglu pob anifail, o jiraff i lygoden y maes,
Rho nhw i gyd yn y bad ar orchymyn dy dad
Ond paid, er mwyn hedd, mynd â Sais!
Daw wthnos o law trwm a stormydd, gorchuddier y ddaear gan fôr
Ac yna daw'r heulwen i wenu." Medd Noa, "Dim problem, fy Iôr!"
"Felly beth gawn ni neud am wthnos?" holodd yr eliffant mawr.
"Beth am greu côr?" medde'r mwnci. "Cael cymanfa bob nos tan y wawr!"
Fe ddechreuon nhw ganu ar unwaith, mas o diwn a phoenus o slow,
Amhersain i'r glust ac undonog – fel nhw'n Twicyrs yn canu 'Swing low...'.
Y mwya ro'n nhw'n canu, yn drymach dda'th y glaw.
'Rôl deugain diwrnod medde Duw, "Mae'n amser galw taw!"
Anfonodd golomen a nodyn yn dweud "Dewch â'r canu i ben!!"
Fe dawodd y côr, fe laciodd y glaw, a sibrydodd 'rhen Noa, "Amen!!"
Hen hanes digon smala, a'r rheswm hyd at heddi
Pam sdim cymanfa i'w glywed mewn sw,
Ac ni chlywir 'run anifail yn canu...

PAN

Pan o'dd Wil yn ddeugain oed fe deimlodd chwant priodi,
Pancosen o ferch, a dweud y gwir, i ga'l sgwrs a'i gadw'n heini.
Pa nefoedd a'i disgwyliai? meddyliai'n domen o chwys,
Panacea oedd ei angen, cans yr oedd e, Wil, mewn brys.
Panel o'i ffrindiau agos a fu'n dewis y cymar iawn,
Pan ffrei yn y dafarn ac yfed drwy'r prynhawn.
Pantomeim ddilynodd a phawb â'i farn ei hun,
Paned o goffi am wyth o'r gloch a fotio am y fun.
Pandora o'dd eu dewis o'r bocs – merch i fachan lleol.
Pant y Rhyd o'dd enw'i fferm, ac ynte bron ymddeol.
Panas a thato i swper, (mae'r Gogs yn ei alw'n stwnsh),
Panatellas wedyn, a phawb mor blês â phwnsh.
Penderfynodd Wil yn syth i ofyn am ei llaw,
Pancho o'dd enw ei thad, o baith Ariannin draw.
Pan gnociodd Wil yn ysgafn swil, y FE a ddaeth i'r drws,
Panama hat ar ei gorun, ac yn gwisgo sgert fach dlws.
"Pansy!" medde Wil yn syn. "Be chi'n gwisgo dan y sgert?"
"Panty hose," medde fe, "a jawl, chi'n hogyn pert."
Panics mawr! Dihangodd Wil wedi dysgu'i wers am wreiga.
Pan ewch i ddewis cymar oes, cwrddwch â'i thad hi gynta.

PEIRIANT TWLL YN Y WAL

Hen orchwyl diflas sy 'da'r boi
Sy'n ishte tu fewn i'r wal
Yn cyfri arian rownd y rîl;
('Se fe'n hala fi'n dwlál.)

Ond o leia pan ma coffre
Eich cownt yn hollol wag
Ma'r bachan yn ddwyieithog braf
Ac yn gwrthod eich cais yn Gymrâg...

TRYDARGERDD

Cyrri twym o Gastell Newy,
Dau bwys o briwns, a ffigs 'di rhewi,
Deg tun bîns i'm cadw'n iach,
Pump rôl ar ugain o bapur tŷ bach.

PINIWN PÔL

Roedd y cwestiwn yn un syml –
"Beth yw eich enw chi?"
Atebais heb ormod o ymdrech
"Dewi"... a galwch fi'n TI!
A hyn yn arwain mlân wrth gwrs
At "Ble yr ydych yn byw?"
"Tresaith," medde fi, ac ymlaen â hi
I dicio'r bocs nesa, sef "Rhyw?"
"Wel, bob nos Wener," wedes i'n swil,
"A dwywaith ar ddydd Sul!"
Edrychodd arna i'n syn am sbel
Fel 'tasai 'di llyncu mul.
"Plis c'merwch hwn o ddifri, syr,"
Ebe hi, heb dorri gwên.
"Y nesa yw eich hoedran, syr."
Atebais yn unsill – "Hen."
Yna mlân at y cwestiwn ola –
Y pwysica, am wn i –
"Beth hoffech chi gael i swper?"
"Sdim ots mo'r dam," wedes i...
Ma hyn yn mynd mlân bob nos,
Ma 'mywyd yn drist a ffôl
Oddi ar i'm hannwyl wraig
Gael swydd gyda'r Piniwn Pôl!

SLAWER DYDD

Ers talwm own i ddim yn ffindo'n hun
Ar y grisiau mewn penbleth mawr
Yn ceisio dyfalu os taw lan own i'n mynd
Neu yn hytrach yn dod yn ôl lawr.

Own i'n fachan eitha golygus a ffit
A llond pen o wallt, ond yn awr
Mae popeth amdana i naill ai'n cwmpo mas
Neu yn pwynto yn drist tua'r llawr.

Own i'n sefyll lan i fenywod
Ar y bws – gŵr bonheddig o fri,
Ond erbyn hyn, pan wi'n dangos fy mhàs
Ma'r jawled yn codi i fi.

Fi o'dd carwr y pentre sbel 'nôl,
A'r bois eraill i gyd yn flin.
Gwaith caled – o'dd rhaid fi ymarfer lot
Bob nos yn y tŷ wrth fy hun!!

A jawch, erbyn hyn, wi'n teimlo'n gryf
Y dylwn i gael fy mharchu.
Felly, pan ddaw'r dydd i ymadael â'r byd
Sgwennwch rwbeth neis ar 'yn arch i.

TAFARN DDELFRYDOL

Ma arwydd mawr yn hongian tu fas – llun crand o gath fach dlws
A llythrenne bras yn cyhoeddi'n ddel: "Croeso i Dafarn y Pws."
Ie, fi fy hun yw'r perchennog – wel, fi a hi y wraig,
Ac ma croeso mawr i bawb yn y byd – ond bo nhw'n siarad Cymraeg.
Ond chi ffili'u gwahardd NHW rhag dod mewn,
A smo fi'n un hiliol, ond jiawl maen nhw'n ewn.
Felly dim ond lle i un wrth y bar – man i sefyll rhwng dwy sgiw
I'w stopo NHW rhag hogio'r lle, a jwmpo'r blydi ciw.
Wele'n y gornel sêt Ianto wedi'i chysylltu â thrydan y *mains*
Ac ma unrhyw ymwelwr sy'n ishte yn hon yn fuan ffarwelio â'i freins.
Ma teledu mawr yn y gornel, yn chware mond un D.V.D.
Cymru yn ddeg pwynt ar hugain, a Lloegr – pwr dabs – â jyst tri.
Enw'r barmed yw Bronwen, "a *ma* nhw", medde rhai wrtha i,
Hon yn gwbod pob beth ma dyn moyn, (mae 'di gwitho'n y B.B.C.!)
Wi'n galw stop tap am un ar ddeg – ailddechre am chwarter wedi,
Ac mae'r canu yn wir fendigedig – sneb o'r North yn y côr, sai'n credu.
A dyna chi, fy nhafarn i, rhof groeso diwarafun
I chi i gyd ddod draw am ddiod rhad –
Ond bydd cwrw am ddim os chi'n perthyn!

TÂN GWYLLT

Anghofiwch am y Dolig
'Guto Ffowc' yw'r dydd i mi.
Smo fe'n costi hanner yr arian
Ac mae'n ddwywaith cyment o sbri.

Wi'n prynu tân gwyllt fflamychlyd
Sy'n llachar a llawn sŵn mawr tyrfe,
A wi'n hala nhw bant gyda'r postmon
I bawb sy 'di mynd ar fy nerfe.

Y cynta i Radio Cymru,
Roced sy'n ffrwydro'n siap draig
I'w hatgoffa bod rhai o'u gwrandawyr
Yn *hoffi* cerddorieth Gymraeg.

Y nesa i'r twrists bach hyfryd
Sy'n dod a'u cŵn i'r traeth.
Bangyr sy'n ffrwydro pum tunnell o ddom –
"A souvenir from us at Tresaith."

Catherine wheel i gyngor Ceredigion
I'w hatgoffa o'r rowndabowt cain
A adeiladwyd ddwy waith mewn dwy flynedd
Mor ddibwrpas a thrist yn Nhremain.

Yr un ola, a wi'n siŵr y pwysica,
Fel y gwnaeth Guto Ffowc, yr hen ddyn,
Hala i fangyr pum tunnell i San Steffan
Fel bod ni'n ca'l llywodreth ein hun.

TORRI SYCHED

Mi hoffwn dynnu llun
Os oes 'da chi hanner munud
O dafarn bach y Penllwyndu –
Lle da i dorri syched.

Mae'n gorwedd ar y groesffordd
Nid nepell o Gwmcou,
Ac os ewch chi mewn am beint bach cwic
Y'ch chi siŵr o aros am ddou.

Ma Ryan y landlord yn dipyn o gwc,
O'dd e'n *chef* yn y Merchant Navy.
Mae'n rhoi tipyn o ddŵr yn y Bitter Ale,
Ond jawl, mae'n rhoi mwy yn y grefi.

Yno daw Garnon a Dai Penlan
A phensiynwyr Côr Blaenporth,
Y rhan fwya yn canu'n angylaidd –
Ond *ma* cwpwl yn dod o'r North!!!

Mae'n llawn o gymeriade gwyllt,
Lleoliad cadarn sownd,
Hen Gardis cydwybodol –
So nhw byth yn prynu rownd.

Mae ambell i Sais yn galw 'na, 'ed,
Ac yn dysgu ein hiaith fach ni,
A'r peth cynta mae'r locals yn 'u cael nhw i ddweud yw
(*Acen Seisnig*) "Ma'r rownd bach yma ar fi!"

Mae 'na lun o foi'n cael ei grogi
Ar yr arwydd mawr tu fas.
Gas ei ddala yn cysgu 'da'r forwyn –
A'i mam, a'i chwaer – a'r gwas!

Mae'r ardd yn fangre hyfryd
I gael peint yn yr haf a'i wres
Wrth wrando ar yr adar yn canu –
A'r ffermwrs yn cyfri 'u pres.

Lle da i dorri syched
A falle cal swper bach wedyn.
Man cysurus yn llawn pobol ffein
A jawl, mae'n tshepach na'r Emlyn!

TROI TUDALEN

Wi am droi dalen newydd ond mae'r ola wedi'i throi,
Mi bryna i lyfyr arall a sgwennu fel y boi.
Wi'n mynd i newid pethe, a bod yn berson da,
I'r bŵz, y ffags a byta'n hwyr rhaid imi ddweud ta ta.
Ie, clirio mas y pethe sy'n sbwylo 'mywyd i –
Y clwbie golff... y teli... y ffôn... y wraig... a'r ci!
Bydd hon yn ddalen enfawr, yn fwy na bar y Ship,
A'r geirie olaf arni bydd, "HWRÊ! Hei leiff, HIP HIP."
Fydd neb yn dianc rhag fy sbeit a'm llid –
Gwleidyddion, Brymis, *Brussels sprouts* yn diflannu'n rhwydd o'm byd,
Ci rhech y boi drws nesa yn esgyn i'r cenel nefol,
A dyn y tacs geith fynd i'r jawl (bydd e'n teimlo'n reit gartrefol!).
Tai haf, cerdd dant, ymwelwyr, pobol sy'n dweud "Snowdonia",
Prins Charles, y cwîn – a HAEMORRHOIDS (odd rhaid i fi tsieco hwnna!),
Radio Cymru, Brian Moore – wi jyst â dod i ben,
Celebrity Come Dancing – a dyna ni – AMEN!

TWRIO (WHILMENTAN)

Dreifwr bws o'dd Defi
Yn mynd o dre i dre,
Yn gweitho hewlydd Ewrop –
O'dd Defi byth sha thre.

Briotws gyda Meri,
Croten fach luniaidd, smart,
O'dd e wedi'i cha'l miwn trwbwl
Nos Satwrn yn y mart.

Un dwrnod pan o'dd gartre,
I whilmentan a'th Defi bach
Gan ddishgwl yn nyddiadur
Ei wraig – a 'na chi strach!

O'dd hi weti catw hanes
Ei choncwests – bron sha cant!
Ie, menyw a hanner o'dd Meri
Bob tro o'dd Defi bant.

A dyma beth ddarllenws e,
Gan ddechre mynd i whysu
Wrth raddol ddod i ddeall
Nad o'dd 'i wraig e'n ffysi.

'Nos Lun fe alws y ficer,
Sant yn ôl pawb yn y sir.
Dim llawer o bregeth i ddechre,
Ond jawl, ges i wasanaeth hir.

Dydd Mawrth fe ddath y sgwlyn
Gan deimlo bo fi'n thic,
Ond ar ôl gweld 'i gwricwlwm,
Yffach, fe ddysges i'n gwic!

Ro'dd e'n dda yn 'i ddaearyddieth,
A'n cemeg ni'n syfrdanol,
A phan ddath y wers gerddorieth,
O'n ni'n dou'n cadw'r bît yn rhyfeddol.

Nos Fercher, ar ôl swper,
Ges i brofiad nwydus, tanbed,
Yn dysgu rhythme'r gynghanedd
'Da rhyw feirniad steddfod o Lambed.

Yr oedd hi'n hir a thoddaid,
Traws fantach ar y llawr,
Fyse Prifardd ddim yn gwneud yn well –
Croes o gyswllt tan y wawr.

John Pobydd Bach wnath alw whap,
Nid un mawr, fel ma'r enw'n dynodi.
Ro'dd gwres 'i ffwrn e'n ffyrnig, ond,
Taech chi'n gweld 'i fara fe'n codi!

Dydd Sadwrn, Pat y Postman,
Â'i gwdyn bron yn llawn.
Ond second class o'dd y syrfis,
Fe adawodd am ddou y prynhawn.

Ond ddim cyn iddo egluro pam
Ar stamps, fod wyneb y Cwîn;
Ma'r rheswm yn eitha syml –
Wel, fysech chi'n fodlon llyfu'i thin?

A dyma wthnos arall
Wedi cwpla'n hapus iawn,
A gwell i fi gwpla fan'na,
Bydd Defi 'nôl 'da'r prynhawn.'

Fe syllodd Defi'n hollol syn
A meddwl beth i neud,
O'dd 'i wraig e, am flynydde,
Wedi mynd ag e am reid.

(A phawb arall yn y pentre, 'ed!)

Fe gauws e'n glep y llyfyr,
Fe a'th mas a chaeodd y drws
Byth i ddychwelyd eto,
A bant ag e yn y bws.

A'r neges o'r hanes yma yw,
Os ewch chi byth i whilmentan,
Peidiwch ca'l sioc os ffeindiwch chi mas
Bod 'na fwy nag un pocer mewn pentan.

WRTH OLCHI DILLAD Y FICER

Wrth olchi dillad y ficer
Darganfu ei wraig e ddwy nicyr,
Nodyn hysbys
"Transvestite-R-Us"
A llunie amheus o Dan Biggar.
Medde hithau yn drist,
"Gaf i air yn 'i glust
Nage maswr ma fe ishe, ond *hooker*!"

Y BRIODAS

Ma pob priodas jyst 'run fath,
(Er bod un neu ddwy yn teimlo'n wa'th),
Stag y priodfab rhyw fis o flaen llaw,
Plismones o stripyr a rownds di-ben-draw,
Penwythnos heger, swnllyd
A neb yn cyfri'r gost.
Ond dyw'r parti ddim yn llwyddiant
Os nad yw pawb yn dost.

Ac iddi HI ceir noson *HEN* –
Y briodferch druan mas o'i phen.
Sgert mini, *boobtube* a balŵn,
Hi'n llawn o jin, Red Bull a sŵn.

Ac yna'r diwrnod mawr ei hun –
Perthnase dierth ac Antis blin,
Tro cynta'n y capel i ran fwyaf o'r criw.
(Tro nesa mewn bocs yn mynd at eu Duw.)
Llygaid pawb ar y *bride* yn syn.
"Ma *cheek* 'da hon i wisgo gwyn!"
Hi'n 'forwynol' a fe fel Chav
Yn dweud "We do" ond yn gwybod "We have!"

Na, ma priodas i mi
Yn syrcas ddifeddwl.
Mae'n well 'da fi angladd –
Mae'n lot llai o drwbwl.

Y GYSTADLEUAETH

Roedd dau deulu posh, ac ofnadw o falch,
Yn trigo mewn tai ar ben rhiw.
Y Joneses oedd 'u henwe, yn chwilio bob cyfle
I gystadlu yn 'u ffasiwn o fyw.
Pan brynodd un teulu set radio ddrud
Mi brynodd drws nesa deledu,
A phan wedon NHW bod nhw'n mynd i gael SKY
Atebodd y lleill, "Ry'n NI wedi."

Aeth teulu Jones rhif un i'r dre
A phrynu gwely meicrodon mawr –
Gyda hwn o'dd hi'n bosib cal wyth awr o ryw
Mewn llai na tri chwarter awr.
Stretch limo o'dd y nesa i gyrraedd,
Horwth mawr hirfaint o ffôl,
Yn hwn ro'dd Jones Two yn cyrraedd y dre
Ugen munud cyn 'i wraig yn sêt ôl.
Ac yna dechre ymestyn eu tai,
Mynd yn fwy ac yn fwy yn slow bach.
O'dd rhaid cael noddwr i gerdded i'r parlwr
A dala tacsi i fynd i'r tŷ bach.

Dodd dim taw ar eu gwario gwastraffus,
O'r diwedd aeth y gêm yn rhy ddrud,
Buont farw yn dlawd – mor greulon yw ffawd –
Yn waglaw gadawsant y byd.
Erbyn hyn maen nhw i gyd yn gyfartal,
Yn byw yn y nefoedd uwchben
Yng nghwmni'r creawdydd
Bob un a'i adenydd
A thelyn a chwmwl, AMEN.

Y LLYTHYR

Dyma'r llythyr ola, fy ngwraig,
A gei di wrtha i,
Ac erbyn ffeindi di hwn ar y ford
Bydda i'n bell oddi wrthot ti.

Wi wedi diodde degawd
O'th glebran cwynllyd, cry –
Ti'n waeth na *Taro'r Post*
Bob dydd ar y BBC.

Ma hwnnw'n llawn syniade od,
Pobol â *brains* fel plant;
Ond un peth da am y radio,
Ti'n gallu switsio fe bant.

O'dd well 'da ti gwmni'r gath na fi,
O'dd hi wastad yn dy gôl,
Ond ges i ddial ar honno 'fyd –
Rois i fwstard lan ei phen-ôl!

Aeth hi lawr yr ardd fel mellten,
Ac wedyn, streit 'nôl lan,
Ac yna deifio mewn i'r tŷ bach,
A stemio am awr ar y pan.

Hefyd, gair bach am y bwji
A godwyd ar fêl a lla'th:
Mae'i gaets e'n wag, oblegid
Ma fe yn stumog y gath.

Fydd Cwtshi-Cw, y ci bach hyll,
Ddim 'ma i weud "Shw mae?",
Wi 'di diodde chwyrnu'r cythrel bach
Ers Nadolig wyth deg dau.

Os wyt ti ishe'i weld e 'to
Cer i'r Chinese a gofyn am nŵdl;
A phaid â chael gormod o sioc os yw'r cig
Yn tasto ychydig fel pŵdl.

O'r diwedd, mi gaf heddwch
Yn bell oddi wrthot ti a dy fam
Yn rhywle neis fel Siberia,
Sir Fôn neu Fietnam.

Ffeindi di byth mohona i,
Wi wedi dianc nawr.
Wi am gymryd ein harian o'r banc a mynd bant
'Da llond bws o Ferched y Wawr.

Ac wedi joio 'da rheiny
Mi af i bant heb ffws
I fyw ar ynys Roegaidd
'Da Wynnie, dreifwr y bws.

P.S. Wi newydd gofio,
Ma'r acownt yn dy enw di;
Anghofia'r llythyr uchod (sws mawr) –
Bydda' i nôl i de am dri!

Y TRIP

A'th bois y band i'r Alban
I ddathlu'r Hogmanay,
Fe ethon heb y gwragedd, wrth gwrs –
Wel, o'dd hwn yn holide.

Fe drafaelon nhw lan yn bysus Jones,
Chi'n gwbod, sy'n dod o Ffostrasol.
Ond fe gwmpodd Dai a'r dreifar mas
A galwodd Dai fe'n... sili bili!

Fe yfodd y bois y bws yn sych,
Y Brains a'r Felin Fo'l,
Ac erbyn cyrraedd Gretna Green
Da'th hanner y stwff yn ôl!

Ond fe baswn ni'n cwic dros yr episod sic,
Ma'n ddigon i neud chi'n wael,
A weda i ddim byd am bisho'n y stryd
A pham a'th Wil i'r jael.

Ond dyna ni, fe gyrhaeddon nhw
A bwco mewn i'r hotel.
Fe welodd Wil y prishe
A wedodd e... "Yffach, ma'n ddrud 'ma, on'd yw hi?"

Holl bwynt yr escapêd, wrth gwrs,
O'dd yfed lot o gwrw,
A joio naws yr Hogmanay
A *falle* ffindo menyw.

Ac fe ffindodd Wil un bert fach, 'ed,
O'dd yn dod o Aberdeen,
A gofynnodd iddi fynd lan lofft
A wedodd hi, *"No thanks, I've been"*.

So 'nôl a'th Wil i'r bar am beint,
O'dd y nos yn tynnu mlân,
A'r bois yn dechre canu
'Nellie Dean' a 'Calon lân'.

A triodd un ganu 'God Sef Ddy Cwîn'
Ond bwrodd Wil e lawr,
O'dd e jyst a cholli'i limpin,
Ac o'dd 'da fe limpin mawr.

A'th yr hogie mlân i ganu
'Loch Lomond' a 'We'll Meet Again',
A phan darodd Wil 'Ar Hyd y Nos'
Fe darodd cloc Big Ben.

Hanner nos, myn yffach i,
A blwyddyn wedi mynd,
Cusanodd Dai y barmed, Lil,
A wedodd hi wrth 'i ffrind:

O'dd Lil yn briod, chi'n gweld,
'Da *wrestler* o'r enw Jock,
Bachan barfog *six foot four*
Yn ishte draw wrth y cloc.

Fe gododd ynte ar 'i dra'd
A chamu draw at Dai.
Fe gododd e lan wrth goler 'i got
A wedodd Dai, "Shw mae!"

"I'll give you 'Shw ma'," medde fe
A'i dwlu fe'n syth dros y *couch*.
Ond cytshodd Dai yn 'i *sporran*,
Chi'n gwbod, sy'n hongian fel *pouch*.

Off ddath y cilt – dinoethwyd y Celt
Ac fe droiodd y Sgotyn yn binc.
Gafaelodd yn dynn yn 'i Glan Mac Duff
Ond gwenodd Dai a rhoi winc.

Ac yna a'th pethe'n ffrwgwd,
Dechreuodd yr ymladd mawr –
Pawb yn ffeito'i gilydd
A rolio ar y llawr;

Rhegi ffyrnig, clatsho bant,
Cico, gweiddi cas,
Ac erbyn un o'r gloch, myn jawch,
O'dd pawb yn ddu a glas.

Fe restiodd yr heddlu y bois, pwr dabs,
A'u twlu nhw i gyd mewn cell.
Ond wedi sobri y diwrnod ar ôl 'ny
Ro'dd pawb yn teimlo'n well.

A 'nôl i Gymru ddaethon nhw i gyd
I'r flwyddyn newydd dda-chi,
Ac os nag y'ch chi'n credu y stori fach hon,
Wel tyff, ta ta a nos da-chi!

YMDDIHEURIAD

A fi ar wely ange, yn gadel y byd ar ôl,
Mae'n bryd i mi gyfadde am fy holl bechode ffôl:
I Mam, yn gynta, druan, am newid ei byd yn llwyr,
Wi'n ymddiheuro ganwaith am fod dri mis yn hwyr;
I Dad, am fadde imi, ac am beidio â 'nghosbi, 'ed,
Pan 'nes i'r cemistri 'speriment, a hwthu lan ei sied;
Am shafo tedi ber fy chwaer, a'i foddi yn y llyn;
Am beintio car y ficer yn goch, a glas a gwyn;
Dwgyd *brassiere* Mrs Davies yn gynnar un bore o haf,
A'i ddefnyddio i hedfan yr hamstyr – jawl, o'dd e'n gatapwlt braf;
A busnes pen ôl y gath fawr dew o'dd yn byw yn 6 New Road,
A'r mwstard roies i arni – na'r ffasta iddi symud eriôd!
I Dilys, fy ngwraig gynta, wi'n ymddiheuro'n daer
Am yr episod od gydag Anti Blod, a'r *baby oil*, a'i chwaer;
Wi'n sori am sbaddu Pero'r ci, o'dd yn gas a thew ac afiach,
Maen nhw'n gweud, ar ôl iddo gael y snip, bo fe'n edrych lot yn sgafnach.

Ond ma'r syrjeri'n ffonio ddwy funud yn ôl –
O'dd diagnosis y Doc yn rong,
Ac wi 'di newid fy meddwl – 'nes i byth greu 'run trwbwl –
So wi'n canslo pob sori – *so long*!

YMSON MEWN AMGUEDDFA

Wele'r creiriau di-liw o'm cwmpas i gyd,
Rhai'n llwyd a llwm, ond eraill yn ddrud.
Diflannant mewn awr, a myned sha thre
A daw *coach trip* bach arall i gymryd 'u lle.

YMSON (MEWN SIOP FFERYLLYDD)

Ma pawb o 'mlaen yn edrych yn dost,
Dim gwên, dim miri, dim laff.
Gwynebe diobaith llawn gofid ac ing,
A nhw, yn anffodus, yw'r STAFF!

ARHOLIAD

Wi'n ishte yma'n dawel, a'r cloc yn ticio'n braf,
Ma 'mreins i wedi rhewi, wi'n timlo'n dost a chlaf.
Wi'n methu canolbwyntio, mae'r papur yn dal yn wyn,
Pa Harri oedd yr wythfed, a pam o'dd Llwyd o'r Bryn?

Ma pawb o 'nghwmpas yn sgwennu, eu dwylo poeth ar frys,
Ar unig beth 'sda fi i ddangos ers awr, yw cesail llond o chwys.
Beth o'dd taldra Hitler, a ble oedd ei breswylfa?
Maen nhw'n gweud bo fe'n cyrraedd lan at fan hyn
Ac yn byw ddim yn bell o fan'na...

Ma'r orie'n mynd yn araf, a'r ysbryd yn mynd yn is,
A dwi'n methu tynnu'n llyged bant wrth fronne Mrs Rees.
Pryd o'dd y Battle of Hastings, pwy enillodd, a phaham?
Beth o'dd seiz trad Napoleon? Sai wir yn becso dam.

Beth yw pwynt arholiade? Neu'r TALWRN hyd yn o'd?
Trio sgrifennu am ddyddie maith a'r geirie ddim yn dod...
Ma'r ddau 'run fath â'i gilydd, gwastraff amser prin,
A dyma ni, daeth y gân i ben – geith hi fynd yn syth i'r bin...

YR ATGYFODIAD

Roedd Meri a Wil yn hen gwpwl bach swil
Yn ffermio gerllaw yr Arennig,
Wedi priodi ers hanner can mlynedd ne fwy,
A'u perthynas erbyn hyn yn blatonig.
O'n nhw ishe ca'l sbarc 'nôl i'w priodas yn glou
Ac at therapydd aethont yn Sblot –
Gofynnodd i Meri, "Oes 'na fynd yn eich gŵr?"
Ac atebodd hi'n dawel, "Dim lot."
Yna trodd e at Wil a'i holi yn daer,
"Y'ch chi'n sbwylo eich gwraig chi lan lofft?
I chi'n rhoi iddi flode a'i chusanu'n ddi-baid?"
Wedodd Wil, "Odw i'n edrych yn sofft?"
Fe estynnodd y doctor ddou gant o bils bach
Mewn potel fawr blastig a glas.
"A fydd rhain yn fy helpu?" holodd Wil gyda braw.
Daeth yr ateb â gwên, "Ffindwch mas!"
Wedi wythnos fe weithiodd y moddion,
Ond rhy dda oedd effeithiau y pil.
Mae Wil wedi gadael ei wraig ers tri mis
Ac yn byw 'da *lapdancer* yn Rhyl.

CERDDI I'N CYMDOGION ANNWYL

BOB HAF

Bob haf ma Tryweryn yn dod i Dresaith,
Nid ei foddi gan ddŵr ond gan bobol a'u hiaith.
Ond pan ddaw y gaea, a'r pentre yn wag,
Clywn yr awel yn suo ei chân yn Gymrâg.

DYDD GŴYL Y BANC

Bydde'n well 'da fi orwedd dan *German Tank*
Na bod yn Nhresaith ar ddydd Gŵyl y Banc.
Ma'r lle yn llawn Brummies, Geordies a Jacks
A menywod Treforys a'u chwech *lager-packs*.
Maen nhw'n eistedd trwy'r dydd yn siarad â'u cŵn
A'u teganau digidol yn cadw sŵn.
Mae'r pentre fel syrcas yn llawn dop o *freaks*
Gyda'u radios a'u *jetskis* a'u plant yn llawn *cheeks*.
Trôns nofio Brittania a *deckchairs* San Siôr
A chwyno bob munud fod y dŵr yn rhy ôr,
Parcio 'mhob man ar leins melyn dwbwl
A chael tocyn dwyieithog a gwên am eu trwbwl,
Gorlenwi y Ship gyda'i gweiddi a'u stŵr
Ac yfed y dablen sy'n fawr well na dŵr,
Talu crocbris am bitsa a tsips wedi rhewi,
Mae'n Dachwedd bron iawn cyn i'n pentref ni dewi.
Wi'n meddwl symud i Brighton Gŵyl y Banc
Gyda bws llond mwncïod o'r sŵ,
A chael pleser o'r mwya 'da'r Saeson bach neis
Wrth neud yr un peth iddyn nhw!

NOT FOR SALE

LAND FOR SALE – LAND FOR SALE.
Aeth ein hetifeddiaeth ni ar werth mor rhad.
LAND FOR SALE – LAND FOR SALE.
Ond beth am rhyddid, colled a gwâd?

Fe ddygwyd y glo, fe wagwyd y cwm,
Ac felly, diflannodd y fflam,
Y galon yn drist a'r enaid yn llwm
A neb yno i ofyn paham.

Fe gloddion nhw'r chwarel o'r mynydd gerllaw
Ac i'r dyffryn gadawyd y graith.
Arian at arian, a beddi i ni'r "baw"
A newidiodd yr adlais 'i iaith.

A nawr yn y pentre, estron yw'r gân
Ac uchel y sŵn lle bu hedd.
Ond mae'r dydd wedi cyrraedd i ailgynnau'r tân
A dewis rhwng bywyd a bedd.

NOT FOR SALE – NOT FOR SALE.
Dim diolch – dyw Cymru ddim ar werth.
NOT FOR SALE – NOT FOR SALE.
Ac o undod fe gadwn ein nerth.

(Cân ar CD Y Tebot Piws.)

PETAWN I'N GALLU BOD YN DDUW

Petawn i'n gallu bod yn Dduw
'Sen i'n ailgylchu dynol ryw,
Newid pawb sy'n gas a drwg
A'u troi nhw'n saint mewn pwff o fwg,
Pob cynganeddwr mawr ei fri
Yn troi'n feidrolion fel nyni,
Gwleidyddion gwag a'u treulie mawr
Yn gorfod dweud y gwir yn awr,
I mewn i'r cwdyn â NHW dros y ffin
A'u tynnu nhw mas yn llawer llai blin,
Pen y Prins a'i glustie hud
Yn troi mewn fflach yn Gwpan y Byd.
Ail iaith fydd Inglish yn y nefoedd
Ond mamiaith *down below*,
A'r *chariots* i gyd yn 'u miloedd
Yn suddo i fiwsig 'Swing low'.

Y DOSBARTH

(I'n hannwyl ymwelwyr o dros y ffin)

Croeso mawr i'r dosbarth, bob un ohonoch chi,
I ddysgu sut i ymddwyn yn ein gwlad fach ni.
Y wers gynta sy rhaid dysgu yw anwybyddu'n hiaith,
Mae'n israddol methu deall, ac i chi mae'n lot o waith.
Prynwch dŷ ar lan y môr, a dewch â'ch ffrindie i gyd,
A dewch â'ch cŵn yn heidie i gachu ar bob stryd.
Ewch ar bob comiti, o Mwnt i Bentregât,
Ac os gofynnir am Gymraeg – "Oh, there's just no need for that."
Dewch lawr â'ch carafane, a'ch bwyd, a'ch bŵz fel rheol,
Sdim ots am siop y pentre na'r cymunede lleol.
Dewch, dewch â'ch *jetskis* swnllyd a gyrrwch ein plant o'r môr,
Ac os bydd rhywrai'n cwyno, galwch nhw'n "Celtic old bore."
Jwmpwch y ciw yn y dafarn, parcwch eich ceir ym mhob man,
Ac os hola'r cymdogion pam chi'n neud hyn, jest gwedwch, "Cos I bloody
well can."
"Hello, Ianto, Phil and Dai – did you winter well?
Is no one serving in this bar? Hey, Taffy, ring the bell."
Mae pawb yn y pentre yma i gyd yn eu nabod nhw.
"The locals are so sweet, you know, but they're all as thick as pooh."
Felly, croeso mawr i Walia, dewch lawr i dynnu'r dôl.
Dewch lawr, a joiwch Gymru'n gwlad, ac wedyn'ny, bygrwch off 'nôl.

A PLASTIC CYMRO

I am a plastic Cymro,
I don't speak Welsh at all.
I can sing 'Hymns and arias'
'Part from that I know fuck all.

I can't sing 'Hen Wlad fy Nhadau'
But I know 'God Save the Queen'.
I am a plastic Cymro,
That's all I've ever been.

HIPPY

As I came out of the Battered Cod
With my fish, peas, sausage and chips,
Lo and behold in front of me
Stood a hippy licking his lips.
A long-haired LONDONER with a dog on a string,
He said, "I've not eaten for days!"
I said, "I wish I had *your* willpower!!"
And happily walked away.
He followed me to the bank and said,
"Any change?" I felt threatened a bit.
I smiled and replied,
"There's no change, I'm afraid
You're still an old Cockney Git!"

GIVE US A REST

Why are the English so noisy and loud?
Why does just ONE of them sound like a crowd?
Why do they push and jump in the queue?
Why do they always know better than you?
Why do they always send back the food,
Just to be arrogant, bolshie and rude?
If they love England (as they've always professed)
Why don't they stay there and give us a rest??

THE GAME

When I'm feeling unhappy and blue,
And the whole world goes dark and bleak,
I'll go and get that video
Of a game that was so unique.
The Welsh against the English,
The enemy ahead,
The red shirts with their spirits low,
And the white shirts, on fire, led.
Only minutes left to play,
The ball was passed to Scott,
Ten yards in front of his own tryline,
He side-stepped like a shot.
Then...
Back and forth
And left and right,
He flies across the mud,
The English just like clay dolls
Go to ground with one great thud.
Over the line and he grounds the ball,
Neil kicks and splits the posts,
Thirty two to thirty one,
The English were so close.
My spirits have been lifted,
Joy so hard to contain,
Tears of laughter stream my cheeks,
Why, I'll play that clip again!
And again,
And again,
And again!

But hopefully next Christmas,
On Santa's order book,
There'll be a new video hero –
The incomparable Hook.

TURNING ENGLISH

I think I'm turning English –
As I entered the village shop
Everyone started speaking Welsh
So I ordered them all to stop.

It happened again in a Parisian park,
As I sat on a shaded bench,
Everyone passing (children as well)
Started to speak in French!

How bloody ignorant!!

OH, TO BE IN ENGLAND

Oh, to be in England
As summertime draws near,
And all the *ffecin Saeson*
Come on holiday down 'ere...

VISITORS

There are two types of visitors we like in Tresaith.
It's agreed by one and ALL.
First, those that GO HOME in the winter,
And the others that don't come at all!

JÔCS AFIACH!

(RHYBUDD IAITH GREF)

Glywsoch chi am y dyn dyslecsig oedd yn addoli'r diafol?
Fe werthodd ei enaid i SANTA.

*

Fe gwrddais i â merch y dydd o'r blaen, o'dd hi'n hanner Ffrances a hanner Tsieinî.
Fe es i â hi adre, ac fe sugnodd hi'n londri i.

*

Sut ma rhywun yn gwbod fod merch o Gaerfyrddin yn cael orgasm?
Mae hi'n towlu ei tships lan i'r awyr.

*

Roedd tair lleian yn edrych dros wal y lleiandy a dyma noethlymunwr yn rhedeg heibio. Fe gafodd dwy ohonyn nhw strôc bach. Ond ffaelodd y llall â chyrraedd!

*

Fe agorodd y lle sawna yma yn y dre. Fe glywodd Anti Neli amdano felly i mewn â hi, a thynnu'i dillad bant. Pan gliriodd y stêm, fe sylweddolodd ei bod hi yn y siop tships.

*

Glywsoch chi am y boi wnaeth alw'i wraig yn *anthracite*?
Os nad o'dd e'n ei phrocio hi ddwywaith y dydd, o'dd hi'n mynd mas.

*

Merch ifanc yn darllen llyfr ar ryw diogel ac yn gofyn i'w mam, "Hei, Mam, allwch chi fynd yn feichiog ar ôl cael *anal sex*?"
"Wrth gwrs, y groten ddwl," medde ei mam. "O ble ti'n meddwl ma Saeson yn dod?"

*

Dyma'r bachan yma'n gofyn i'w wraig ddweud rhywbeth a fydde'n ei wneud e'n hapus ac yn drist ar yr un pryd. Ac ar ôl meddwl am sbel, dyma hi'n gweud, "Mae dy bidlen di'n lot mwy nag un dy frawd."

*

Fe wnes i ddarllen yn y *Times* yn ddiweddar fod gormod o alcohol yn beryglus. Diawch, fe gododd e ofn arna i. Felly dwi ddim yn mynd i ddarllen rhagor.

*

Sut y'ch chi'n troi cath yn gi?
Taflu petrol drosti, tanio matsien a'i thaflu hi ati. Ac mae hi'n mynd... 'Wyff!'

*

Roedd merch o Dregaron yn y gwely, a dyma hi'n dweud wrth ei chariad, "Paid ti â meiddio 'ngalw i'n hwren. Cer mas o'r gwely 'ma nawr, a cer â dy fêts gyda ti!"

*

Ffones i hen ffrind wthnos dwetha ac atebodd ei fab saith mlwydd oed y ffôn.

"Helô," medde fi.

"Helô," medde fe.

"A beth wyt ti'n neud?" medde fi.

"O," medde fe, "wi'n gorwedd dan y gwely."

"Neis iawn," medde fi. "Ga i siarad gyda dy dad?"

"Na," medde fe. "Ma Dad yn fishi."

"O wel, beth am mam?"

"Na, ma hi'n fishi hefyd."

"O, o's rhywun arall yn y tŷ 'te?"

"Oes," medde fe. "Mam-gu a Dad-cu."

"Reit, ga i siarad gyda nhw?"

"Na, maen nhw'n fishi hefyd!"

"Wel, beth maen nhw i gyd yn neud?"

"Whilo amdana i!"

*

Gofynnes i fachgen bach naw mlwydd oed, "Taset ti'n ca'l dy adael ar ynys bellenig, filoedd o filltiroedd o unrhyw le – pa UN person faset ti eisiau gyda ti?"

A wedodd e, "Wncwl Iestyn."

"Pam Wncwl Iestyn?" medde fi.

"O," medde fe, "ma cwch 'da fe!!"

*

Ble ma esgimos yn mynd i'r tŷ bach?

Yn yr ig-lŵ!!

*

Sdim llawer o le yn Nhresaith i gadw'ch car ond sortes i'r broblem yn hawdd – prynes i gar o'dd wedi parco'n barod!

*

Roedd dau hen foi 90 mlwydd oed yn ca'l sgwrs, a medde'r cynta,
"Wil, wi'n 90 oed ac yn llawn poene, arthritis, gwynegon a blinder.
Rwyt ti 'run oedran â fi... shwt wyt ti'n teimlo?"
"Fel babi newydd," medde Wil.
"Wir? Fel babi newydd?"
"Ie!" medde Wil. "Dim gwallt, dim dannedd a wi newydd wlychu 'mhants!"

*

Hen foi yn dweud wrth ei ffrind, "Wi newydd brynu *hearing aid*... un drud
iawn... yr un gore a grewyd erioed. Mae'n wyrthiol!"
"O," medde ei ffrind. "Faint gostiodd e?"
"Cwarter wedi naw!"

*

Es i at y barbwr a gofyn, "Faint yw torri gwallt?"
"Ugen punt," medde fe.
A medde fi, "A faint am siafo?"
"Pum punt."
"Reit, siafwch 'y mhen i!!"

*

Es i mas â'r teulu am fwyd neithiwr, ac archebes i bopeth yn Ffrangeg.
Synnes i bawb – ro'n i mewn bwyty Indiaidd!

*

Fe brynes i felt a bag i'r wraig y Nadolig 'ma ...
Ma'r Hoover yn gweitho'n iawn 'to!!

*

Bwres i'r boi 'ma lawr wrth reidio 'meic i wthnos dwetha a wedodd e, "Smo
ti'n gallu canu'r gloch?"
"Odw," medde fi. "Y trwbwl yw, wi ffili reidio'r beic!"

*

Wedi'i sgrifennu ar wal tŷ bach y merched:
"Ma Twm Jôs yn dilyn fi i bobman."
Ac wedi'i sgrifennu odano fe:
"Nagw ddim!!"

PETHE AMRYWIOL

DEG O REOLAU

Deg o reolau bychain, i fynd i gysgu'n dda:

1. Yn gynta, osgoi cael swper trwm
    (a chadwch bant o'r ffa!).

2. Yn ail, peidiwch gwylio ffilmie trais,
    Arnie a Chlint yn dyrnu.
    Ac mae'n help os briodwch chi fenyw fach glên
    Nid horwth fawr ddiog sy'n chwyrnu.

3. Peidiwch yfed peints yn hwyr,
    Gall eich hala yn drist a *morose*
    Yn ogystal â gwanhau eich pledren
    A neud chi godi bob dwy awr drw'r nos.

4. Peidiwch â chyfri defaid –
    Dyw hynny ddim yn ddigon o bôr.
    Yn hytrach cowntwch 'u coese nhw i gyd
    Ac yna *divide by four*!

5. Rhestrwch enwogion ein mamwlad
    Yn 'u swyddi mawreddog heirdd.

6. Dyfalwch pwy fydd nesa i gael O.B.E.

7. Ne ... gwrandwch ar *Talwrn y Beirdd*!

8. Ewch 'nôl dros raglenni ein Sianel fach ni.
    Sawl un sydd am baratoi bwyd??

9. Ne gwithwch mas pu'n ddath gynta –
    Cynghanedd ne'r bardd Alan Llwyd.

10. Ond y cyngor gore sydd gen i, mae'n siŵr,
    (Ac fe gymerodd flynyddoedd i'w ddysgu)
    Ewch lawr i'n Cynulliad a gwrandwch am awr
    A trïwch BEIDIO â chwympo i gysgu!!

EGLURHAD O'R GÊM CRICED

Ma dou dîm 'da chi – un **mas** ar y cae, a'r llall **mewn**.

Ma pob dyn sy ar yr ochor sy **mewn** yn mynd **mas**.

Pam ma fe **mas**, ma fe'n mynd **mewn**...

... Ac ma'r dyn nesa yn mynd **mewn** nes bo fe **mas**.

Pam ma pawb **mas**, ma'r tîm sy 'di bod **mas** ar y cae yn dod **mewn**, a ma'r ochor sy 'di bod **mewn** yn mynd **mas**, gan geisio i gael rheiny sy'n dod **mewn**... i fod **mas**.

Weithe chi'n ca'l dynion sy'n dal **mewn** a ddim **mas**.

Wedyn, pan ma'r ddau dîm wedi bod **mewn**, a **mas**, a **mas** a **mewn**, gan gynnwys y rhai sydd *ddim* **mas**,

Dyna ddiwedd y gêm.

I D.H.

Siw:	Daeth corwynt allan o Garnant
	I roi y byd yn ei le
	A'n herio ni, fois y gogledd...
Dew:	Wi 'mond yn lico bois o'r de,
	A so fi'n lico lot o'r rheiny
	Os 'yf fi am weud y gwir!
Siw:	Pwy sy'n mynd ar nyrfa'r boi?
	Mae'r rhestr yn un hir.
Dew:	Y blydi Welsh Rugby Union
	A Roger blydi Lewis.
	Beth uffern ma nhw'n gwbod!
Siw:	W, ma Alf yn fachan piwis!
	Beth am y Steddfod Genedlaethol,
	Y crach a'u gwyn, glas a gwyrdd?
Dew:	Se *nhw* ddim *byw* yn Glanaman.
	O! A twll tin Mr Urdd.
Siw:	Mae'n gallu bod yn hallt ei air,
	Ni welwyd neb mo'i fath.
Dew:	Ma Cwmni Theatr Gen yn goc
	A ma *Pobol y Cwm* yn wa'th!
Siw:	Beth am y Cynulliad?
Dew:	Beth maen nhw'n neud i mi?
	A blydi Radio Cymru
	A'r effin Es Ffor Si!
Siw:	Cyngor Celfyddyde?
Dew:	So nhw'n becso boloc!
Siw:	A'r boi anghofiodd ei wreiddie?
Dew:	Lord Neil Bloody Kinnock.
	Elizabeth Regina, a'i mab hi, Carlo'r clust,
	Sdim byd 'da fi weud wrth y bygyrs
	A wi ddim hyd yn o'd yn *pissed*!"
Saib	
Siw:	Ma bownd o fod rhywun arall
	Dyw e ddim yn licio nawr?
Dew:	O! ALUN WYN BEVAN... a Siw Roderick, a Pws,
	'Na ni! A diolch yn fawr.
	... a Goss!
Dewi:	Chi'n gwbod pryd wi'n lico DH ore??
	Pan ma fe'n cysgu!!

SGETS BYJIS

Merch: (*Yn eistedd mewn caets yn glanhau ei phlu.*)

Dyn: (*Yn cerdded o gwmpas, yn ffed-yp, yn ochneidio ac anadlu'n drwm...*
        Yn eistedd...)
        Wi'n ffed-yp, wi'n *bored stiff* fan hyn.

Merch: Wel, ffindia rwbeth i neud, bach. Cer i ganu'r gloch!

Dyn: (*Anadl hir... yn mynd draw a headbuttio'r gloch. SAIB. Yn edrych o
        gwmpas – lan a lawr – ac yn meddwl... Yna, yn pwno'r gloch 'to...*)
        O, ma hyn mor *boring*. (*Yn ishte.*)
        O's rhywbeth ar y teli?

Merch: (*Yn mynd at y gornel a pipan drwy ochor y caets.*)
        Na, smo nhw wedi switsho fe mlân 'to. Ta beth, smo ti'n lico'r teli.

Dyn: Wel, mae'n iawn... ar wahân i'r cartwns twp a'r deryn dwl 'na, Tweety Pie!
        (*Yn canu.*) "I taut I taw a pwdi tat a cripin up on me"... ma fe'n mynd
        reit lan fy mhig i.

Merch: Ti'n gwbod beth wi'n meddwl...Wi'n synnu dim bod pobol yn meddwl
        ein bod ni, adar, yn dwp.
        SAIB
        Hei yp! Ma rhywun yn dod!!
        (*Mae'r ddau yn rhuthro rownd y lle yn twîtian a fflapian adenydd, gan
        weiddi 'Who's a pretty boy?' a 'Twll tin y Cwîn'' ac yn penio'r gloch.*)

Merch: Ocê, mae 'di mynd.

Dyn: Pwy o'dd 'na?

Merch: Y dyn lla'th – ma HI 'di mynd â fe lan llofft.

Dyn: 'To!

Merch: Ma'r trydydd tro yr wthnos 'ma!

Dyn: Ma'r fenyw fel cwningen!
        SAIB

Dyn: Beth ti'n galw bachan sydd â phump cwningen ar 'i ben e?

Merch: Sai'n gwbod.

Dyn: WARREN! Ha ha! Ti'n 'i gweld hi? Warren. Cwningod? Jôc!

Merch: O ie...
        SAIB
        Pam na ei di i siarpno dy big di ar y *cuttle-fish*?

Dyn: Os sharpnai fe 'to bydd dim pig 'da fi ar ôl. Ma fe fel *lethal weapon*. O'n i jyst â lladd 'yn hunan ddo', pan grafes i 'mhen-ôl...

        SAIB

Merch: Olreit, beth am gêm fach?

Dyn: O, dim *I SPY* 'to!

Merch: Rwy'n gweld gyda fy llygaid bach i... rwbeth yn dechre gyda C.

Dyn: (*Yn glou – mae e'n clywed hyn bob dydd.*) CLOCH.

Merch: Olreit, rwyn gweld gyda'n llygad bach i rwbeth arall yn dechre gyda C.

Dyn: (*Yn sydyn 'to*) CAETS! O, ma hyn yn stiwpid. HEI YP! (*Mae'n edrych i lawr drwy ochor y caets*) MA'R GATH MIWN!!

        (*Mae'n rhedeg at y* bird-bath.)

Merch: GAD E FOD! Dim ond ei wylltio fe nei di!!

Dyn: (*Yn taflu'r dŵr/papur mân?*) Ho ho! Wi'n dwli 'i weld e'n jwmpo fel'na! Wps a deis!

        (*Mae'r ddau yn symud 'nôl a mlân wrth i'r gath neidio lan am y caets.*)

Merch: Wedes i!!

Dyn: O!! Ma'r gŵr 'di cyrradd gatre'n gynnar!

        (*Mae'r ddau yn rhuthro rownd y lle yn twîtian a fflapian adenydd, gan weiddi 'Who's a pretty boy?' a 'Twll tin y Cwîn' ayyb.*)

        SAIB

        O na, mae'n mynd i newid y *sandpaper*!! Co ni off... Ti'n barod?

        (*Mae'r ddau yn symud eu traed fel petai'r papur yn cael ei dynnu oddi tanon nhw.*)

        SAIB

        Lwc out! Ma'r un glân yn dod.

        (*Yn symud eu traed y ffordd arall.*)

Merch: (*Yn rhoi ochenaid.*) 'Na ni, ma fe 'di mynd.

Dyn: I le?

Merch: Lan llofft... a mae e 'di gadel drws y caets ar agor!

Dyn: (*Gan gamu drwy'r drws.*) WE-HEI!!!!

Merch: Ble ti'n mynd?

Dyn: Lan llofft – i weld lle hwpith e semi-skim y dyn llath!!

Merch: Gwd eidîa – wi'n dod 'da ti!!!!

        (*EXIT – y ddau yn gadael gan weiddi 'Who's a pretty boy?' a 'Twll tin y Cwin'.*)

Y Diwedd

Pam roddodd y seiciatrydd ei wraig o dan y gwely?
Roedd e'n meddwl ei bod hi'n POTI!!

Sut ma sgerbwd yn poeni dyn?
Wrth fynd o dan ei groen!

Ble oedd aelodau'r Cynulliad pan ddiffoddwyd y golau?
Yn y TYWYLLWCH!

Pa fodur oedd yn gallu arlunio'n wych?
FAN GOCH!

Ble ma'r lle gore i brynu coffin?
Yn yr ARCH-farchnad!

Pam oedd disgybl yn India wedi meddwi?
Roedd e'n methu dal ei GURU!

Ar ddiwrnod clir, ble ma'r man pella y gallwch ei weld o ben yr Wyddfa?
Yr HAUL!

Beth yw hoff ddywediad dafad fyddar Gymraeg?
BEEEEEEEEE??

Os yw dyn yn dal pymtheg wy mewn un llaw a deg yn y llaw arall, beth sydd ganddo?
DWYLO MAWR!

Pam oedd y diod yn dwym yn y dafarn?
Achos ei fod yn GUINNESS!

Pam nad oedd y mynachod yn gwbod beth oedd i swper?
Doedd ganddyn nhw ddim MENYW!

Beth y'ch chi'n galw dyn blewog sy'n ennill yn y steddfod?
BARF Y GADAIR!

Sawl PÂR o anifeiliaid aeth Moses i'r arch?
Dim un – NOA aeth i'r arch!!

Sut y'ch chi'n newid cig oen Cymreig i fod yn gig oen Seisnig?
Tynnu'i frêns e mas!

Beth y'ch chi'n galw dyn yn Specsavers ag annwyd?
OP-TISHIAN!

Pwy oedd DDIM yn falch i weld y mab afradlon yn dychwelyd?
Y LLO PASGEDIG!

Beth y'ch chi'n galw plismon ar ben mynydd ger Llanberis?
COPA'R WYDDFA.

Pam aeth y samwn i'r carchar?
Achos roedd e'n EOG!!

Pa gi sydd yn hoff o ganu mewn steddfod?
COR-GI!!

Beth yw'r gair Cymraeg am *bedpan*?
CANTÎN!!

Beth y'ch chi'n galw Sam Tân ar ôl iddo golli ei swydd?
SAM!!

Beth yw enw'r gyrrwr rali Cymraeg/Eidaleg enwoca?
Toni TORRICORNELI!!

Beth y'ch chi'n galw merch sy'n holi cwestiynau yn ddi-baid?
PAM!!

Beth y'ch chi'n galw mochyn heb ddillad?
PORCYN!!

Beth y'ch chi'n galw Ffrancwr sy'n gwisgo sandalau?
PHILLIPPE PHLLOP!!

Pa adar sy ddim yn becso'r dam?
PAROTS!!

Beth y'ch chi'n galw dyn sy'n gorwedd dan gar?
JAC!!

Pa ddau gar sydd yn un?
CAR-A-FAN!!

Pa fara sydd byth yn mynd i fyny?
Bara LAWR!!

Ym mha dre yn yr Alban mae pobol â'r penolau mwya yn byw?
ABERDÎN!!

LIMRIGAU

Ar Ebrill y cynta eleni
Des i allan o'r Talwrn yn gwenu.
　　Er siomedig yr awen
　　Fe 'nillon ni'n llawen
Ar y dasg byta rôls a chacenni.

*

Fe weles beth rhyfedd un noson,
Eisteddfod i byrcs yn Nhregaron,
　　Enw'r prifardd o'dd Jim,
　　Bachan gwelw a slim,
Ond jawch, roedd 'na seis ar ei goron!

*

Roedd menyw o bentre Helygen
Yn cael *facelifts* bob dydd yn ddiangen,
　　A nawr bod hi'n hen,
　　Uwch ei thrwyn mae ei gên
Ac mae croen ei thin ar ei thalcen.

*

Fe aeth *streaker* i'r steddfod bnawn Iau
I gyngerdd côr merched Trelái,
　　Medde menyw fach fain
　　O'dd yn eiste'n rhes flaen,
"Mae hi fel un y gŵr, ond yn llai."

*

Aeth Wil mas am Indian yn Sgeti,
Madras, tsilis po'th a chig yeti.
　　Yn y toilet am naw
　　Fe gas yffarn o fraw –
Fe glywyd y glec yng Nghilgeti.

Mae'n ffasiwn 'da'r bois dros y ffin
I glochdar yn uchel a blin;
    A dyma i chi'r trwbwl –
    Maen nhw'n gwbod y cwbwl
Ac yn siarad, gan amla, drwy'u tin.

*

Fe briododd Wil Tomos o Sblot
Ei gariad, a'i henw o'dd Dot,
    Dim plant am ddeng mlynedd,
    Ond yna, o'r diwedd,
Fe ddaeth dau bâr o dwins ar y trot.

*

Ro'dd calon Tad-cu yn gwanhau,
Prynodd *pacemaker* rhad o Dwbái.
    Nawr bob tro mae'n rhoi cnec
    Yn y car, mae 'na glec
Ac ma dryse ei garej e'n cau.

*

Mewn cyngerdd yng nghapel Pant-glas
Cafwyd noson undonog, ddi-flas,
    Gan bo'r canu heb rym
    Ceid mynediad am ddim,
Ond rhaid talu pum punt i ddod mas.

*

Rwy'n briod â Royalist *keen*,
Ar ei brest mae tatŵ mawr o'r Cwîn,
    'Ich Dien' ar ei bol,
    Ac yn gap ar y lol
Mae clustie Prins Charles ar 'i thin.

Aeth bachgen o ardal y Glais
At athrawes i wella ei lais.
    Roedd hi'n posh ac yn flin
    Ac yn perthyn i'r Cwîn
A nawr ma fe'n canu fel Sais.

         *

Un Dolig aeth Sais lawr i'r docs
I ganu'n noethlymun mewn clocs,
    'Rôl *Early One Morn*'
    Fe rewodd e'n gorn –
Mae e nawr yn y fynwent mewn bocs.

         *

Mae gen i bysgodyn bach aur
Enilles un tro yn y ffair.
    Pan mae'i geg e yn lledu,
    Mae'n siarad, rwy'n credu,
Ond dwi erioed wedi clywed 'run gair.

         *

Aeth Santa un Dolig am dro
I'r Fricsen, hen byb Cwm y Glo.
    Wedi wyth peint o gwrw
    Ga'th fis am greu twrw,
'Na chi anlwc 'te, blant. Ho! Ho! Ho!

         *

Fe gollodd hen ŵr o Grughywel
Ei wraig e yn Tescos Llansawel.
    "Ma hi nawr yn y ne'",
    Gyda gwên, medde fe,
"Bydd y daith 'nôl sha thre lot mwy tawel!"

'Nes i ocsiwn i gyd yn Gymraeg.
Ges i bunt am hen lun Sior a'r Ddraig,
    A dwy am y ci,
    Can mil am y tŷ,
A *forty nine* pî am y wraig.

*

Ralïwr whit what ydoedd Keith,
Yn gyrru ar y dde yn lle'r chwith.
    Yn nhre Castell Nedd
    Ar ôl crash, aeth i'w fedd,
Ac fe'i gladdwyd heb ffys "UnderNeath".

*

Yn America, tŷ bach yw *jon*,
A ges gyngor gan f'ewythr Ron:
    "Gwnewch limrig bob dydd
    I'ch cadw chi'n rhydd."
A dyna pam sgwennes i hon!

*

Ro'dd Cardi yn byw yng Nghwm Cou
Yn safio'i bres fel y boi,
    Ac yntau'n filiwnydd
    Arwyddair y cybydd
O'dd fod derbyn yn lot gwell na rhoi.

*

Ar ddiwrnod Ffŵl Ebrill eleni
Chwaraeais i dric ar fy ngwraig i.
    Roedd e'n ymwneud â rhyw,
    Ond y canlyniad yw
Ma'r difôrs yn dod trwodd mis Medi.

Ro'dd menyw o ardal Pontshân
'N hoffi secs fel nas profwyd o'r blân.
    Ro'dd hi'n lico ca'l rhyw
    Gyda'i phen ar y sgiw
A'i phen-ôl ar y silff uwchben tân.

*

Stonemason yn Sarnau o'dd Ernest.
Dyn busnes brwdfrydig ac onest.
    Erbyn hyn mae mewn cell
    Am fynd yn rhy bell
A dangos ei gerrig yn ffenest.

*

Mi es lan i Fycingham Palas
A'm bwriad o'dd gofyn cymwynas:
    "Elizabeth dear,
    Would you make me a peer?"
Ond gwrthod yn syth wnath y gnawas.

*

Enw'r ceffyl mewn ras yng Ngorslas
Oedd Red Sun – oedd yn edrych yn *class*.
    Roies bumpunt ar Sun
    Am *twenty to one*
Ond myn jawl, daeth e mewn am *five past*.

*

Y diwedd a ddaw i bob dyn
O'r cardotyn i hithe y Cwîn.
    Mi af innau mewn blwch
    I raddol droi'n lwch
Ac felly ailgylchu fy hun.

Roedd gen i bysgodyn bach aur
A enilles i unwaith mewn ffair.
    Roedd e'n byw'n y tŷ bach
    Ond fe ganodd e'n iach
Pan dynnwyd y tsiaen gan fy chwaer.

*

Mi hoffwn i fod yn aderyn.
Gwylan, wi'n credu, ac wedyn
    'Sen i'n hedfan uwchben
    Fyny fry yn y nen,
A domi ar dŷ Jôs y Sgwlyn.

*

Aeth bachgen o ardal Cwmgwaun
I barti pen-blwydd cant ei Nain.
    Roedd hi'n Saesnes o fri,
    A phan holodd e hi
"Shwd y'ch chi?" Atebodd, "*I'm fine!*"

*

Rwy'n ffermwr bonheddig o'r wlad
Yn gyrru bob dydd rownd fy stad.
    Rwy'n meddwl y byd
    O 'nhenantiaid i gyd.
Ond wi byth yn ca'l dom ar fy nhrad.

*

Wele Superman dewr mewn siwt las
Yn trechu y bois drwg a chas.
    Mae'n ddirgel i mi
    Sut mae'n mynd i bi-pi
Pan mae'n gwisgo ei drons ar tu fas.

Cafodd bachan o ardal Penlan
Dri plentyn 'da merch o Japan.
    Heb unrhyw ddychymyg
    Cawsant enwe reit debyg:
Wing Wong, Wong Wing a Wing Wan.

*

Ni'n deulu rygbïaidd tu hwnt,
Mae'r mab yn *scrum half* ac yn frwnt.
    Mae'r ferch yn serennu
    Fel *full back* Ewenni,
A *hooker* yw'r wraig draw yn Mwnt.

*

Wel 'na chi beth rhyfedd a syn,
Wi 'di dechre troi'n Gardi fan hyn.
    Wi'n gynnil y jiawl,
    Sai'n rhoi cig yn y cawl
A pan wi'n nofio wi'n neud e fel hyn. (*Tynnu mewn.*)

*

Wi'n sâl yn ysbyty Nantgarw,
Yn teimlo yn wan ac yn arw.
    Mae'n llygaid ar gau,
    Mae 'nghorff fel y clai.
O, sori, wi jyst wedi marw.

*

Anlwcus oedd y boi o Dresaith
Aeth i'r Hilton am swper 'rôl gwaith.
    Ordrodd dri After Eight
    Ond, myn yffarn, *too late*.
Buodd e farw am chwarter i saith.

Fe aeth bachan yn dost yn Niagara
Ar ôl llyncu *iron pills* a Viagra,
    Bob tro roedd e'n bo'th
    Roedd e'n swingo sha'r north
A'i lyged e'n llenwi â dagra.

*

Camsyniad diniwed oedd holi,
"Ai sbectol ei hun o'dd 'da'r *goalie*?"
    Daeth ata i fel shot
    Ar y penalti sbot,
Ges ei droed chwith e lan 'y mhen ôl i!

STRAEON

DI-CHWAETH!

DILYS?

Roedd y bachan 'ma yn y gwely gyda'i wraig, ac roedd e'n breuddwydio'n uchel.

"O, Dilys!" medde fe. "O, Dilys..."

A dyma hi'n ei ddihuno fe. "Pwy yw'r Dilys 'ma ti'n gweiddi arni yn dy gwsg?"

"O," medde fe, "ceffyl wi wedi rhoi arian arno fe yn y Grand National."

Bant ag e i'r gwaith y bore wedyn. Pan ddaeth e adre roedd ei ddillad e i gyd mas ar y stryd.

"Be sy'n bod?" gofynnodd.

A'i wraig yn ateb, "Fe ffoniodd dy geffyl di bore 'ma!"

DŴR

Roedd bachan arall gyda'r doctor. Ac roedd hwn yn cael trafferth gyda'i bledren.

"Odych chi'n ca'l problem wrth basio dŵr?" gofynnodd y doctor.

"Nadw," medde'r bachan, "ond rwy'n dueddol o deimlo'n benysgafn bob tro rwy'n croesi Pont Trefechan."

IECHYD DA?

Fe aeth yr hen foi 'ma oedd yn 90 oed i gael archwiliad gyda'r doctor. Yr un doctor. Ac fe aeth ei wraig gydag e. Ac ar ôl ei archwilio'n fanwl, dyma'r doctor yn gweud, "Ry'ch chi mewn iechyd da iawn. Shwd y'ch chi'n para'n ddyn mor iach?"

A'r hen foi'n ateb, "I Dduw mae'r diolch. Bob bore pan fydda i'n dihuno a mynd i'r toilet, ma Duw yn switsho'r golau mlân i fi. A phan fydda i wedi gorffen, mae e'n switsho fe bant wedyn."

"Mae hynna'n rhyfeddod!" medde'r doctor.

"Nag yw," medde gwraig yr hen foi. "Mae'r hen fochyn yn piso yn y ffrij bob bore."

MOCHEDD

Hen wraig fach yn mynd am ddishgled i'r caffi yn y pentre ac yn gofyn am fyrgyr. Roedd drws y gegin ar agor, ac fe welodd hi'r cogydd yn tynnu'i grys, gosod y cig byrgyr o dan ei gesail, a'i wasgu fe i siâp.

"Ych a fi," medde hi wrth y weityr oedd yn sefyll wrth ei hymyl hi. "Dyna beth mochedd i'w neud!"

"Ie, wi'n gwbod," medde'r weityr. "Dylech chi ddod mewn 'ma'n gynnar yn y bore i weld shwd ma fe'n neud y donyts!"

NEWYDDION DRWG

O'dd y bachan 'ma wedi ca'l archwiliad meddygol, a cha'l e'i alw 'nôl i ga'l gair â'r doctor am y canlyniadau.

"Mae gen i newyddion drwg a newyddion drwg iawn," medde'r doctor.

"Dere â'r newyddion drwg yn gynta," medde'r bachan.

"Iawn," medde'r doctor. "Dim ond pedair awr ar hugain sydd gen ti ar ôl i fyw."

"Beth?" medde'r bachan. 'Dim ond pedair awr ar hugain sy gyda fi i fyw? A ma gen ti newyddion gwa'th? Beth alle fod yn wa'th na 'na?"

"Wel," medde'r doctor, "fe fues i'n trio dy ffono di drwy'r dydd ddoe i weud wrthot ti."

RHWBIO

Fe aeth y fenyw 'ma at y doctor a gofyn am fronnau mwy o faint. A dyma'r doctor yn gweud wrthi am gymryd darnau o bapur toilet a'u rhwbio nhw rhwng ei bronnau'n rheolaidd.

"Wnaiff hynna roi bronne mwy o faint i fi?" gofynnodd hi.

"Wel," medde'r doctor, "edrych be mae e wedi neud i seis dy din di."

TABLEDI

Bachan ifanc yn gofyn i'w fam-gu, "Odych chi wedi gweld 'y nhablets i?"

"Shwd rai y'n nhw?" gofynnodd Mam-gu.

"O," medde fe, "mae'r llythrennau LSD ar y bocs."

"Twll tin dy dabledi di," medde'r fam-gu. "Wyt ti wedi gweld y dreigie sy'n y gegin?"

TOMATOS

Roedd 'na fenyw bert oedd wrth ei bodd yn garddio. Ond roedd ganddi un broblem fawr. Doedd ei thomatos hi ddim yn aeddfedu. Ro'n nhw'n dal yn wyrdd. Eto i gyd, roedd tomatos y bachan drws nesa'n goch bob un. Beth oedd ei gyfrinach e, gofynnodd?

"Does dim cyfrinach," medde'r cymydog. "Ddwywaith y dydd fe fydda i'n sefyll yn noeth yng nghanol y tomatos, ac maen nhw'n troi'n goch mewn embaras."

Fe dderbyniodd y fenyw ei gyngor, a dwywaith bob dydd fe fydde hi'n sefyll yn borcen yng nghanol ei thomatos. Fe aeth pythefnos heibio, a dyma'i chymydog hi'n galw ac yn gofyn sut lwc oedd hi'n ei ga'l.

"Dim lwc gyda'r tomatos," medde hi. "Ond diawch, 'sech chi'n gweld seis 'y nghiwcymbyrs i!"

YR ANGLADD

Roedd Cymru'n cwrdd â Lloegr yn Stadiwm y Mileniwm, a thorf anferth yn cerdded tuag at y maes. Heibio'r castell, dyma angladd yn pasio. Wrth weld hyn, dyma ddyn, oedd yn gwisgo sgarff Cymru am ei wddw, yn tynnu ei gap coch a gwyn a sefyll yn ei unfan am ychydig eiliadau ar y pafin cyn cerdded ymlân tua'r gêm.

Medde'i ffrind, "Jawch, o'dd hynna'n barchus."

Ac medde'r bachan, "Whare teg, mae hi wedi bod yn wraig dda i fi."